瀟灑走一回，自在人生

傳奇蔡合城

蔡合城
張東秀
著

推薦序——

點燃愛與希望

台北市議員 許淑華

看著目前的社會，潛藏著自殺與失業的低迷氣氛，不禁想到，如果每個人能夠在「面對問題時，相信自己的意志力一定能創造出無限可能」，如此又怎麼會輕易做放棄自我的決定？

蔡董事長「從小到大的經歷，知道他身為礦工兒子的背景，求學辛苦的過程，從人生跌入谷底，到事業攀上巔峰，最後放下一切，一步一腳印走遍全台灣的育幼院和監獄，並成立礦工兒子教育基金會，希望能點亮每一個陰暗角落的大愛，並將身為癌末病人的親身經歷，治療的過程，以及面對病魔時內心的轉折，佐以自己的人生體驗，編撰成《瀟灑走一回，自在人生：傳奇蔡合城》，希望藉由此書，能提供大眾最真實與受用的經驗，也為大眾點燃一盞為善的心燈，為現今紛擾的社會帶來正面的力量。讓我深深感動。

他的人生精彩絕倫，他的努力與全力以赴，值得成為每個正淪陷於被擊敗與被征服邊緣的人們，一個絕佳的借鏡；也提醒大家唯有堅持，才會創造無限可能！

正面的力量

德春股份有限公司董事長
林水清

頭戴礦工帽，一身礦工服，臉上永遠帶著誠懇的微笑，這是蔡合城先生一直以來給我的親切印象。很難想像，曾經讓他吃盡苦頭，並為之含淚輟學的礦工工作，現在竟然成為他勉勵自己，回饋社會的象徵。可見，幼時那段充滿辛酸的日子，對他有多麼大的影響。

蔡董事長是我多年老朋友，他一向積極樂觀且勤於助人，尤其是對弱勢或需要協助的人，是自發性無怨的付出，即使罹患多發性骨髓瘤末期，多次病危通知，但憑著其感恩、正念的力量，以意志力戰勝癌細胞重新回到基金會。他的故事，一直認為是個值得與現今社會大眾分享的經驗，因為在他身上看到的，不只是對於命運的不肯低頭，更是勇於迎接困難，改變現況的堅強個性。

人活在世界上，就是上天給我們時間去做有意義的事，從蔡合城的書中就能看出，「善有善報」、「一件善行，永遠不會枉費」，播下善的種子必定在未來開花。

永無止盡的學習功課

民視電視股份有限公司總經理
廖季方

每一個人來到這世間，生命就是一項永無止盡的學習功課，只是老天給蔡合城先生的難題，似乎比一般人多了一些。但也因為這些與眾不同的經歷，才能夠讓蔡合城先生對人生有另一種體悟吧！

拜讀蔡先生的成長經驗，真的是既傳奇又有趣，只是我們看來如此豐富精彩的人生，需要用多少努力、汗水和淚水來經營！

環境會養成一個人的個性，或許是蔡先生從小生長的環境就特別惡劣，才能造就他面對各種生命挑戰卻不畏縮後退的性格吧！

從蔡先生的經歷中我也體悟到，沒有解決不了的問題，就看自己有沒有那份心，堅定的心可以引導你在人生的道路上走往正確的方向。非常佩服蔡先生的勇氣，很高興看到《瀟灑走一回，自在人生：傳奇蔡合城》以全新面貌出版，期盼能與更多讀者一起分享這個故事，相信能為大家心中注入一股希望的活水，以嶄新的心態面對未來。

將一份願力和轉念的心傳出去

釋恩和

人生的過程就是這麼奇妙，你永遠都不會知道承受磨難的同時就是人生最好的轉捩點。蔡居士的人生及抗癌歷程充滿不尋常的人生智慧，儘管他在人生路是如此崎嶇不平，他仍是接受命運當中的每一項挑戰、每一道難關，無論大事或小事都是專注與盡心盡力做利他的事。蔡居士以自身經歷出版書籍告訴更多癌症患者如何對待自身的癌菩薩，讓更多朋友們知道要把心燈點亮。放下妄念，才能戰勝我們心中的貪嗔痴三毒，用清淨的心迎接佛法，才能做到真心懺悔，得到心的清淨、解脫。這也是最好的「法佈施」，得以幫人離苦得樂，利益眾生。

開發生命中的無限能量

家登精密工業股份有限公司董事長
邱銘乾

「人生沒有所有權，只有生命使用權。」蔡先生的人生經驗何止豐富，他是真正的富有之人！

我的父親是海山煤礦罹難的礦工，我也是礦工之子，身為長子必須一肩扛起家庭經濟重擔，更能深深體會到不輕言放棄是白手起家最重要的態度。

我與蔡合城董事長的結識，是建立在一個善緣之上。我從他身上再度印證和體認到與自己一樣的理念。看他勉勵受刑人，扶助育幼院孩童，為他們設立獎學金，每年與東東到處為募款奔波，而在面對自己病痛時，那種堅忍的毅力與非凡的因應方式，透過他的書籍來告訴大家，施比受更有福。

從蔡董事長的書中，我看到無限的感恩，也看到生命的光與熱支持著他去完成他的夢想。人的無限潛能，只要立志，就能成辦一切事；只要肯立志，鍥而不捨的努力，就能開發生命中無限的能量。

非常高興並樂見此書出版，希望閱讀此書的人都能在蔡合城的故事中，重新找到面對人生的轉機，找到屬於自己的路，能擁有再一次出發的勇氣。

樸實的善者

維信財務顧問有限公司總經理
吳佳瑋

二年前來到基金會認識蔡董事長，看見他神采奕奕，樸實不華寵，我看見仁者風範，仔細拜讀作品後才知道他曾罹患癌末，目前仍持續與時間競賽努力去廣種福田，也激發大眾回饋服務他人，為社會形成善的連鎖。

知福惜福，以有生之能力幫助需要幫助的人，是最幸福的人，蔡董事長不只是生命之勇者，還用生命紀錄方式出版，傳遞大愛，以教育撫慰苦難者心靈。

本書，處處可見蔡老師的人生智慧，他鼓舞著無數在重病中煎熬的癌症病友，去思考生命存在的價值與意義，善的念頭也改變許多孩子的人生。這也是蔡老師一再強調的財佈施、法佈施、無相佈施。

每一個人最大的敵人與貴人都是自己，努力學習用心的當自己的貴人，也是閱讀這本書最大的收穫。

堅毅化解苦難、善行成就大愛——傳奇見證

國立臺北商業大學企業管理系
教授兼管理學院院長
張世佳

當人生遭遇困頓、挫折、疾病時，如何從容應對，開拓精采非凡人生？這是一本值得推薦分享的見證書籍。蔡合城先生從礦工原生家庭的貧困背景，憑著礦工的拚搏精神，逐漸蛻變為成功的超級業務專業經理人，但就在看似順遂的人生中，卻不幸罹患癌症的重大打擊，但秉持著堅毅從容的態度，選擇人癌共存方法，改變生活作息及飲食習慣，終於順利克服癌症的無情侵擾。

就在個人事業有成的當下，因緣際會的一場對受刑人演講，傾聽受刑

人個案困境後，設立「礦工兒子教育基金會」，從事弱勢兒童的教育關懷協助活動，也將個人的抗癌心得透過出版、演講方式分享癌友，以善行成就大愛；在經濟利益導向的社會氛圍下，慶幸台灣有如此善行義舉之人，於此，謹推薦值得分享的一本好書。

作者序

生命走過一甲子的我，出身貧苦，曾經叱吒，在放下亞洲保險王的頭銜之後，投入礦工兒子教育基金會。我找到了讓生命繼續下去的力量，現在更以癌末重生的身分，睜開像是被神佛擦亮的雙眼，以嶄新的心境看待世界。

認識我的人都知道，我出身一個近乎是世襲的礦工家庭。從這樣的家庭掙扎努力地長大後，為了在經濟上一邊照顧爸媽和弟妹，放棄台大入學資格，前往台北商專就讀，開始過著現代人難以想像的半工半讀生活。

我沒有因為遭受惡劣的環境而被打倒或自暴自棄，常相左右的「挫折」，卻讓我更加用心，用盡全力去面對及克服生活上的一切。我感謝惡劣的環境，讓我更清楚我要做什麼，要如何努力，才能獲得想要的結果。

十九年前，我到少年觀護所演講，當時我想知道，為什麼會有這麼多孩子在這裡？一問之下，很驚訝有百分之八十的犯罪少年出身育幼院。於是在二〇〇三年五月成立基金會，並以實際行動對全國六、七千個育幼院的孩子視如己出，盡一己棉薄之力，走進被遺棄的一群，聆聽躲在陰暗角落的聲音，年年不限名額頒發獎學金，一心陪著孩子找到人生方向，雖然忙到被判定癌症末期，但我從沒有後悔過！

仔細想想如果不是二十年前放下屠刀，轉念去做有意義的事，付出幫忙別人，十二年前生了這場大病，可能就沒法從上天借來的能量繼續活下去。自己也深刻反省以過去六十幾年對待身體的方式，癌菩薩能讓我活到現在，已經是阿彌陀佛了。

持續抱持著在水泥地上播種子，傳播著「感恩惜福，種善因得善果」的理念，提醒世人在逆境中仍須不屈不撓，勇敢地站起來。這也是我將基金會取名「礦工兒子」的意義所在，走遍全國六十所監獄，全國六千所學校，從小學、國中、高中、大學、育幼院、扶輪社及企業團體演講後，我知道我是有使命的，感謝商周出版《礦工的兒子》、《王永慶的球僮》、《癌末癌細胞不見了》及時報出版《蔡合城人癌共存》這四本書，多年來鼓勵弱勢族群也為陷入困境的癌症朋友們的中注入一股希望的活水，重新拾起勇氣並以嶄新的心態面對未來。

今年出版《瀟灑走一回，自在人生-傳奇蔡合城》，書中內容擷取這四本書之精華，藉由這本新書讓更多人了解，生命是掌握在自己手上。

「萬法唯心造」這句話相信諸位讀者都聽過，它的意思很簡單，就是在自己心上用功。只要起心動念是善良的，偏差的念頭很快就會轉掉。這不論是重症病友或誤入歧途，生活困頓或自覺受騙受害的人，都可以時時受用的箴言。

經歷了人生神奇旅程，對我來說，修自己的心法，就是能處處為別人著想，如此一定不會錯，誠摯地邀請您，一起分享我奇妙的生命之旅，當您再重新審視自己的人生，一定也能尋得上天贈予的禮物它們可能早就來到您身邊。

目錄

第一章

成長

沒有明天

家破人傷，面臨生命中最艱苦的挑戰

一九五二年，我出生於基隆雨港區的一個小村落——友蚋。

當地居民多半以挖煤礦維生，經濟狀況很差。幾乎都是世代的礦工家庭，雖然只是用稻草、泥巴糊成的破舊茅屋。在當時普遍貧困的環境中，這一點，已經是非常難能可貴的幸福。每逢颱風或大雨來襲時，屋頂簡陋的茅草總是會被強風颳走，泥土砌成的牆常常傾塌，屋內到處積水。但我們一家人始終不灰心，每次都同心協力與天災搏鬥到底；再怎麼辛苦，也要拚命從老天爺手中一遍又一遍地把我們的家搶救回來。

我還記得災難發生的那天晚上，家裡的狗叫得特別兇，那天，大雨一直下個不停，把家裡的床鋪都弄濕了，屋裡到處積滿了水，燈火也因為強風颳進來根本點不著，在一片漆黑下，全家人只好湊合著先睡覺。突然，轟的一聲巨響，我家背後倚靠著的山坡，竟然整片崩塌下來，眼看夾雜著大石塊和泥沙的土石流就要漸漸吞噬掉我們的房子，臥病在床的父親不死心，拖著重病的身軀，死命地挖水道排水，一夕間房屋崩塌面臨活埋的恐懼土石流的威力我永遠不會忘記，直到父親終於停手放棄，「家」就在土石堆中失去蹤影。回憶裡，在恐懼、絕望之際，小小年紀的我心中似乎只閃過一個念頭，那就是：我們維護得好辛苦的「家」，已經被老天爺摧毀，消失不見了。

當時的我並不明白，為什麼父親、我和家人們都已經這麼努力了，卻還是留不住我們的家園？那種屢次被擊敗的挫折感，讓我始終分不清，在那個夜裡，淌在家人和我臉上的，到底是雨，是汗，還是淚水，而唯一僅存的是家人身上破濕的衣服。或許，這也成為日後我面對打擊與問題時，讓我堅持下去的生命「韌性」，我更認為，正是這種不屈不撓的特質，才讓苦命的人們在面對人生旅途中的艱難困苦，多增添了幾分免疫力。

命運捉弄人

家境貧困，四處舉債，吃了一餐卻不知下一餐在哪裡

家裡特別窮並不是父親的錯。在鄉下叔叔伯伯們都叫父親「火木阿」，打從我有記憶以來，父親的形象便和工作畫上等號，為了賺取微薄的血汗錢，他每天拚命挖礦；只是時運不濟，不幸的事情一再接踵而來打擊著他，才會讓家境變得越來越貧困。

我出生沒幾天，祖父就因病過世了，家裡雖然多出我這個新成員，卻似乎沒增添什麼喜氣，整個家籠罩在一片愁雲慘霧之中。再加上當時台灣物質條件缺乏，生活非常拮据，有時候吃了一餐還不知道下一餐在哪裡，根本沒有多餘的錢替祖父辦喪事。但是，為了善盡人子的孝道，父親逼不得已，只

得四處舉債為祖父辦喪事，這也正是我童年一連串磨難的開始。

在礦區，「借錢」可說是家常便飯的事。礦工的薪水支領方式實在有不足為外人道的辛酸內幕，才會導致家家戶戶幾乎都要靠借貸度日。礦工受到兩種人的控制，一是工頭，二是礦場的職員。平日工資已經少得可憐，卻又怕他們不給你工作做，就必須定時奉上賄賂；更糟糕的是，這些惡棍甚至還會按月向礦場老闆浮報工資，到了月底領錢時再從中扣取，讓礦工們有時連基本所得都拿不到，生活頻頻陷入困境。

屋漏偏逢連夜雨，噩運接連降臨家中

如果礦工們實在急需用錢時該怎麼辦呢？這時，狡詐的工頭和職員們就會請你拿工資表向他們借錢。雖然短期內可以紓困，月息卻高達三分六或三分八。村子裡不少人就是因為負擔不起這些嚇人的高利息，最後只好走上絕路，用一死來尋求解脫。每隔一陣子，就會聽到村裡又有哪個人上吊，那個人投水，慘狀令人觸目驚心不忍卒睹。

雖然父親沒有被逼上絕路，選擇自殺一途，但命運之神還是一再地作弄、打擊他。先是祖父的喪事讓他心力交瘁，接著在我四歲時，大弟又因食物阻塞食道，必須送醫院開刀才能挽回性命，花掉家中不少的錢，幸好父親當時還有工作能力，咬牙尚可熬得下去。事隔一年，本來身體還算硬朗的父親，在礦坑工作時，居然被掉落的巨石壓傷，又被王姓福利社老闆打傷。父親不僅開刀切除了一部分被壓碎的脾臟，喪失造血功能，之後每隔三、五天還得到榮民總醫院輸血，有時甚至需要躺在床上休養，無法下坑工作。雪上加霜的是在我六歲時，僅有的家園因暴風雨來襲被山崩沖下的大量土石給整個埋掉，迫使我們必須向親戚租房子，才有棲身之所。

就這樣，債台越築越高，家裡的環境也越變越差。身為長子的我，雖然年紀尚小，但是看到父親這麼辛苦，也只好負擔起他的部分重擔。

父親的責任心成為我一生敬重的精神

父親是我這一生最敬重的人，他在那麼艱難的逆境中，並沒有懦弱地一走了之，或自暴自棄結束自己的生命，而是勇敢面對人生，這一點，給了我很大的鼓勵。長大以後，每次回想起暴風雨來襲的那個夜晚，身體孱弱的父親，拚命挖水道排水、捍衛家園的模樣，總是忍不住熱淚盈眶，發誓自己也要像他一樣，成為一個負責任的人。在那些貧窮的歲月裡，父親對我的關懷雖不曾明說，卻總是透過隱約含蓄的方式表現出來，一點一滴教會我懂得知恩惜福的道理。這些日常生活的細節，使得日後的我一直相信一個觀念，那就是：在物質條件極差的環境下，父親對兒女的奉獻犧牲，兒女們反而格外能夠感受得到。或許，這也正是我們這些吃過苦的孩子，之所以能夠懂得為人子須盡孝道的緣故吧！

挑扁擔

竹籃裡裝菜，新鮮又便宜，連校長都跟我買

讀小學的時候，家境仍舊貧困。那時候，父親因為受傷，無法天天下礦坑工作，而正懷著妹妹的母親挺著一個大肚子去推台車也賺不到什麼錢，弟弟的年紀又比我還小，什麼都不懂，身為大哥的我看在眼裡，拚了命一心想為家裡掙些收入，好支付父親龐大的醫藥費，給母親補充營養，讓弟弟吃好一點。因此，全校大概只有我一個學生是挑著菜擔子去賣菜的吧！每天我都到山裡、溪邊尋覓山產野味，到菜園裡拔刈菜，清洗之後，挑到學校的走廊上去賣。一開始大家都以異樣的眼光看我，後來生意漸漸好起來，他們才改變想法。不僅同學們常被家裡的媽媽囑託要向我買菜，甚至連學校的教職員

工都一個一個陸續成為我的主顧客。

自給自足的踏實感讓自己更珍惜一切

我每天上學都是一根扁擔一肩挑起來，左手邊的籃子放書包，右手邊的籃子就放一些自己種的或在野外採摘的生鮮蔬果，偶爾會有溪裡的魚蝦或剛生的雞蛋。我每天都挑擔子到學校賣，東西新鮮又便宜，養成師生們的消費習慣，生意好得不得了，連校長都跟我買菜。這是個很棒的經驗，對小小年紀的我來說，自給自足的感覺十分踏實！

抓山鰻為家人覓得一頓飽餐

溪裡的魚蝦也是我寶貴的免費貨源，早晨上學順道經過溪邊時，會用石塊及樹枝在溪裡築一個攔水壩，這麼一來，等黃昏時我放學回家，就會有些魚蝦被我堵住，從洞中爬出來，這時再用雙手將小蝦抓住，放進蝦籠中。有時只要在蝦籠中放蝦餌，就會有蝦子自動進入籠中，隔天就可收成。最驚險的一次經驗是，有一回，我為了到深水處去撈被困住的大山鰻，忽然有陣浪湧來，腳下一滑整個人跌落水裡；驚魂未定的我在吃了好幾口水之後，差點暈了過去，幸好後來回神後慢慢涉水回到岸邊，才沒有被淹死。雖然捕山鰻通常要到深水處冒險，還有過差點滅頂的經驗，但我還是不放棄這些天然資源，因為每次捕到山鰻就可以賣個高價，家裡就能度過一陣比較安定的日子。

為了生活，還在念小學的我就得學著殺雞，印象很深刻的是，第一次殺雞時我害怕極了，當時的我強自鎮定學大人抓把米，拿把刀就開始剁雞頭，雞血染紅了白米，雞腳還在抖動，令我十分不忍。但是為了全家人的生計，只能將雞殺了拿去市場賣，下一頓才有飯吃。

我偶爾也會去幫同學的爸爸殺豬、拔豬毛，豬的力氣大得很，時常被豬弄得全身傷痕累累；但為了家人，再辛苦，再危險也不怕，也因此領悟到「吃得苦中苦，方為人上人」箇中的道理。長大後，我因為憐憫眾生，尊重生命的莊嚴，開始吃齋。每次想起幼小時的我，是如何忍受心裡的煎熬，提刀殺雞、殺豬，就忍不住要掉下淚來，嘆聲：「人生真苦。」

墓仔埔也得行

挖墓穴賺小錢，另類打工為家人減輕經濟壓力

在貧窮的年代裡，大家什麼都缺，就是不缺勞力。一無所有的我，異想天開地在制服後面縫了一張紙，寫上大大的「打工」兩個字。還真的有人要僱用我去做工，那是個挖墓穴的恐怖工作。礦區死亡率高，禁忌特別多，挖墓穴的工作即使有錢賺，大家還是避之唯恐不及，深怕「帶衰」。但是看到父親臥病在床，母親又生產在即，初生之犢不畏虎的我，居然毫不考慮就答應接下這個恐怖的工作。事實上，我挖墓穴所承受的壓力要比別人來得大，因為，我自小就有看到靈異事物的能力，也就是民間俗稱的「陰陽眼」。在某些時機，我會看到好兄弟，尤其墓穴四周全是環

繞好兄弟的環境，為了幫家裡多賺點錢，我豁出去了。每挖一把泥，就唸一聲「阿彌陀佛」，直到挖好為止。據母親說，我剛出生時身體其實很不好，好幾次都差點養不活。就將我送給鄰居高家當乾兒子，還是沒什麼起色，直到母親將我送給住在五堵附近小廟裡供奉的石頭公當乾兒子，我的身體才漸漸轉好。

這種將自己獻給神明當義子才得到平安的神奇故事，和佛道教有深厚緣分的我，三、四歲時就能毫髮無傷不感覺疼痛地「過火」，而六歲時就開始幫忙廟會抬神轎衝過火堆了。隨著年紀漸長，我也常常經歷一些靈異的現象。其中，讓我記憶猶新的是，七歲那年，我在山上撿枯枝的時候，看到一個老婆婆望著我，當時我因為好奇，尾隨這位老婆婆爬過山頭；沒想到，眼前竟赫然出現一個荒無人煙的廢墟，以及一堆白晃晃的人骨，嚇得我趕緊拔腿飛奔回家。

提早面對死亡

或許是對神祕世界有所瞭解的緣故吧，因此，我常常能克服一般人所不能克服的恐懼。雖然我並沒有在挖墓穴時遇到什麼特別奇怪的事，但天生有靈異第六感，所以經常靜靜地挖著挖著，就會感覺到背後有人在注視我，或者有一陣冷風吹過。在友蚋這個小村莊裡，家家戶戶幾乎不是親戚就是認識的朋友，所以我挖墓穴的時候，大概都知道墓穴裡要埋的是誰。為了讓自己不要胡思亂想或者過於害怕，我總是使盡全力去挖，直到累得受不了才停下來休息。那時的我常常安慰自己，人生自古誰無死，替人挖墓穴，如果挖得深，底部挖得平坦，往生的人睡得舒服，那麼應該也算是功德一件。正因心存正念，我在挖墓穴那段期間都沒有遇到什麼嚇人的靈異怪事，這是比較令人欣慰的。

有一次到小時候認的乾爸家——高家，告訴乾哥及乾姐們，說爸爸半年內會「吊死樑上」，結果被臭罵一頓，說我「童言無忌」。過了三個多月，有一天我到高家要找乾哥去溪裡抓蝦，我由廚房進入，經過客廳，直叫「哥哥」卻沒人應聲，走到偏房，頭上突然不知撞到什麼，我整個人跌在地上，抬頭一看「乾爸」竟然吊死在樑上，舌頭伸得長長的。我嚇得趕緊爬起來，奔到溪邊，叫正在洗衣服的乾姐，說乾爸吊在樑上，趕快回去。回到高家，大家七手八腳地將乾爸抬下來，但他早已斷氣身亡。我更難過的是，從來沒想過居然會有幫自己乾爸挖墓穴的一天。

第二章

轉變

推苦力車的歲月

礦坑推台車，忍受礦坑老鳥欺負，在夾縫中求生存

小學四年級時，我開始推一種礦區獨有的交通工具：台車式輕便車。但是因為我年紀實在太小了，所以常被輪班推台車的老鳥欺負。因為礦坑和村莊有一段不算短的距離，所以往返的人會把這種車子拿來當成交通工具。通常推台車的人是休假或當日沒有排班的礦工，當然，他們都是大人，以我一個小孩子，想跟別人搶生意，簡直可說是不知自己有幾兩重。

在大人爾虞我詐的夾縫中求生存

白天時，推台車的人會排班，像我這種小孩子，就算一早去排班也載不

到客人，因為那些地頭蛇會把我的班表抽掉不准我和別的大人搶班。但是這點小小的阻礙卻難不倒我，機靈的我會趁他們都「落班」後，到排班的台車站去等客人；每天下來，還是有幾個必須晚點搭車的乘客會搭我推的台車。因為推台車的路上，沿途必須經過一個恐怖隧道，還有好幾個陰風陣陣，傳說會鬧鬼的靈異地點，所以這些老鳥們會刻意避開在夜間推台車，這也才給我有可乘之機。

我推台車的時間是晚上十二點到凌晨四、五點，而在那段最可怕的隧道、村裡傳言會鬧鬼的地方，有時我會聽到許多人在吵架的聲音，但放眼望去卻什麼都沒有，或者遠遠看到一個人影，靠近時又不見了等等，必須推上大半個小時才能脫離「險境」。小小年紀的我常常在工作時，索性閉上眼睛，順著軌道一直向前衝，八字不重的我常常能感覺到前後有東西在凝視我，遇到上坡路段，如果被石頭卡住或一直推不上去，那簡直會讓人嚇到尿褲子；但為了家中生計，只得忍住驚恐的淚水暗唸佛號通過這些路段，真是苦不堪言。

有的時候，我會把熟睡的五歲堂妹抱來陪我壯膽。乘客有時也會故意占你便宜，有時目的地一到，有些惡劣的乘客會一躍而下，一溜煙地跑掉；車上有乘客時脫軌更是麻煩，他們不幫忙就算了，有些人甚至還不肯下車，那時，你就只好費盡九牛二虎之力死命把台車拖回軌道。對於當時才小學四年級的我還沒開始發育，膝蓋和肩膀也都還很脆弱，加上營養不良，整個人像個瘦皮猴似的，要將載人的脫軌台車推回軌道，簡直就是件不可能的任務，現在回想起來，真不知道自己是怎麼熬過來的。

不忘穿「礦工裝」，永遠感恩惜福

獎學金餵飽全家

讀書讓我知道，靠腦力比靠勞力容易得多

在我國小四年級的時候，友蚋國小來了一個從外地調派到本地的曾老師，這位剛從師範學校畢業的曾老師，他是來自經濟非常困難的客家小村莊，他鼓勵我好好讀書，將來一定可以和他一樣，成為一位教書的老師。

那時，我一心一意想成為像曾老師一樣的人，所以在學業方面非常努力。

考上省立基隆中學之後，因為交通時間長，加上課業較為繁重，所以我能賺錢的時間變得比以前少很多，零零星星接了一些幫人家除草的工作。靠勞力賺來的錢只能餬口家裡吃的青菜，為了紓解家裡的經濟困境，我什麼辦法都試，什麼鬼點子都想，就連家裡的老母雞我都有辦法叫牠下蛋。白天工

作，晚上才能抽空看書，當時家中沒有電燈，我只能就著煤油燈看書，每次風一次進來，煤油燈就會閃爍不定，非常傷眼睛，不過只要能把書讀好，這些都不算什麼。每當夜深人靜，家人都睡著之後，往往就只剩下我一個人還在和書本奮戰。

直到我領到第一筆獎學金，我才知道，世界上居然有這麼好的事，可以一邊讀書，又可以一邊賺錢。對於嘗盡人生甘苦的我，獎學金真是「不勞而獲」的收入。也因為獎學金是筆還算豐厚的獎勵，讓我徹底領悟到，靠腦力賺錢，真的是比靠體力賺錢容易得多啊！

之後的初中三年裡，我領取的獎學金可說是不勝枚舉，有獎必得。雖然大部分獎學金設立的原意，是希望學生能善用它讓學業更精進，但我總是把這些錢拿回去貼補家用，也讓家人不致挨餓。我總覺得我的「吃飯獎學金」更能鼓勵我用功讀書。我非常感謝這些設立獎學金的善心人士和機構，如果沒有這些經濟上的支援，連三餐都沒著落的我，又怎麼能上學讀書？換成是你，假使殘酷的事實擺在眼前：如果不做好學生就沒飯可吃，那麼，你會不會也像我一樣，好好珍惜能夠讀書的機會呢？

含淚輟學入黑坑

初中那年，父親受傷無法工作，我只能含淚輟學，成了最年輕的小礦工。

雖然在我年紀還小時，父親不幸被礦坑裡掉落的巨石給壓成重傷，但他只要在體力還能負荷的情況下，還是會硬撐著下礦坑工作。由於父親一星期得要到醫院換血兩、三次，雖然我才剛上初中，但我就開始代替他揹著便當、蓄電池，腳穿白色膠鞋，全副武裝進礦坑去了。那個時候，我是整個友蚋村裡年紀最小的礦工。第一次進礦坑的時候，我只有十三歲，身高甚至還不到大人的肩膀。最年輕的礦工說來有趣，即使到了現在，我還是經常懷疑，自己會不會是台灣有史以來，最年輕的礦工？像我這麼幼齒的娃娃兵，真可稱得上是前無古人後無來者，也讓我見識到什麼是「人間地獄」！

下礦坑時的景況，至今記憶猶新。因為地下水都會滲進膠鞋裡，所以我的兩隻腳幾乎都快被地下水給泡爛。後來是接受老鳥的建議，笨笨的我才趕快脫掉那雙害人不淺的膠鞋。而本來穿在身上的汗衫，也因為每次下礦坑沒多久，整件衣服就會被地下水氣和自己的渾身大汗弄得濕淋淋的，所以我索性學起其他工人，乾脆赤裸著上半身工作。除了赤腳踩在髒兮兮的地下水裡，像野蠻人一樣脫掉上衣打赤膊外，最可怕的是必須忍受礦坑裡難聞的空氣。礦坑的氣味很難具體形容，裡頭的空氣稀薄，溫度很高，動輒攝氏四、五十度，參雜著地底下的天然瓦斯臭味，另外還飄散著一股煙塵瀰漫，屬於煤礦的特殊味道。想當然爾，由於對外交通不便，礦工們上廁所都得在礦坑裡就地解決，所以礦坑裡自然也就穢氣沖天、臭味四溢。

一起工作的叔叔伯伯教我怎麼判斷煤礦的位置，以及工作上的種種。就這樣，我的初中歲月，除了讀書、通勤打工，賣東西之外，若有餘暇時間，我就會代替父親到礦坑去挖煤，做一個稱職的小小礦工。

第三章

掙扎

礦坑爆炸成煉獄

我一閉上眼睛，就浮現大爆炸的影像，後來礦坑果然爆炸崩塌。

雖然對我來說，考上國立台北商專是一件喜事，每逢學校放假，便回友蚋老家下礦坑挖煤，好減輕父親的工作量，分擔他的辛勞。

一九六九年七月十二日我又入礦坑工作。九月十四日早上九點左右正在挖煤礦時，突然聽到一位「歐吉桑」的哭泣聲，抬頭燈一照，在坑道口三公尺處，看見一位老人家，我隨即上前問他為了什麼事而難過。

歐吉桑說：「年輕人，你可不可以幫我一個忙。」歐吉桑說：「我的兩個小孩和太太發高燒，沒錢吃飯，也沒錢看醫生，你可不可以去我家看看他們？」我問他：「您家在哪裡？」「在外面右側山邊小路往『乾溪』的方向直走，山上那唯一一戶人家。」我告訴歐吉桑說：「今天若能出這礦坑，我一定去看您的太太和小孩。」歐吉桑隨即跪在地下向我磕頭：「年輕人，你心腸很好，我會好好保護你！」我不敢承受，立刻告訴歐吉桑：「您不要這樣！我承受不起！」但一轉眼間，歐吉桑就不見了！我以為他已經離開，便低頭繼續挖煤。到了下午四點，我由坑底走出坑口，全身黑漆漆地，只剩下一雙眼睛。洗過澡，從礦場走路到他家，從下午四點多走到晚上七點多，來到山頂上的唯一一間房子，和我家一樣，這房子也是用稻草和泥巴糊成的，兩扇木門半開，屋裡點了一盞火光微弱的煤油燈。我看到一位歐巴桑臥病在床，便進屋扶起她。我一邊揹起其中一位五歲的小男孩，一手攙扶揹著另一位三歲男孩的歐巴桑走下山，然後用台車載歐巴桑一家人去向表叔借了三百元，再帶他們到五堵長安診所就診。等到看完病，把歐巴桑帶回家中，已經是凌晨一點了。我將身上剩餘的一百多塊錢交給歐巴桑，她說：「少年仔，不行，這個錢是你借來的！」我回答：「歐巴桑，那是跟我表叔借的，我會慢慢還給他，您不用擔心！以後每個月我會定期來看您！」回到家中，天已經亮了。

第二天，與父親同坐一台礦坑車下坑挖煤時，我告訴父親昨天發生的事，歐巴桑　家比我們家還窮，因為先生死了，歐巴桑生病不能工作，而我昨天認識的歐吉桑不是「人」！我還說，我想認真工作，每個月拿一，兩百塊錢給歐巴桑生活。雖然我們家連明天有沒有得吃都還不曉得，自身難保！但我還是堅持這麼做，我雖然只是一個十幾歲的小孩，卻一直幫歐巴桑一家，直到她的兩個小孩國中畢業。從此以後，礦坑中遇見的歐吉桑，一個月會出來陪我兩、三次，告訴我：「左邊不能挖會塌下來，右邊不能挖會塌下來，要挖中間。」他還告訴我往生之後，在另一個世界的一切，聽了真令人毛骨悚然！慢慢地我們就成為好朋友。如此，日復一日，雖然父親的身體狀況一直很差，但總算一切平安。

只是，我萬萬沒想到，就在五專三年級那一年，自己竟然會遇到讓我這輩子都刻骨銘心、難以忘懷的事情。一九七一年十二月十二日的前一天晚上，我記得整個友蚋村都籠罩在一股不祥的氣氛裡。不僅雞鴨夜半亂啼，連全村的狗都在猛吹狗螺，聲音之淒厲，真是令人全身雞皮疙瘩都豎起來。而天生具有陰陽眼的我，那一夜才晚上八點多，竟然就看到鬼魂在村子裡出沒，而且數量多得嚇人，可說處處陰風陣陣，讓本來應該只是稍具寒意的初秋，變得冷颼颼的，教人直打哆嗦。度過這難熬的一夜後，隔天因為我學校沒課，所以就決定待在友蚋，和父親一起去挖煤礦。為了生計，雖然感到有不吉祥的預兆，但仍硬著頭皮下礦坑。正當我們父子倆和其他礦工一樣，手抱著頭，蹲坐在台車裡面，準備一起搭台車下礦坑時，我居然全身發抖，只要眼睛一閉上，腦海裡就浮現大爆炸的影像，一股強烈的恐懼感，重重地向我襲來。這時，我忍不住向父親提出請求：「阿爸，好像會有大難臨頭的樣子，我們今天先別下去好不好？」語畢，只見父親張大眼睛，驚訝地望著我，好像無法理解一向勤奮努的我，為什麼竟然提出不想工作的要求。久久，他才吐出一句話說：「沒代誌為什麼不下去幹活？」由於我回答不出他的問題，只好乖乖地又蹲回台車裡。後來，在下礦坑的途中，蹲在我前面那輛台車裡的張叔叔，因為聽到我和父親的對話，好奇地問我，為什麼不想下去挖煤。我還記得，那時候我直接了當回答他：「因為礦坑會出事。」誰知道，這句話把張叔叔給惹得大為光火，劈頭就臭罵我：「小孩子不要亂講話！」其實當時，我並不是想觸大家霉頭，只是有話直說，但我沒想到居然真的讓我說中了。那天，我們坐了一個多小時的台車，才剛到坑底，父親就接到一通電話，說村裡有戶人家要訂婚，整整十桌的酒席必須請他幫忙料理。父親聽完電話，回頭告訴要我一起去幫忙。我跟著他上最後一列台車出礦坑，父親比我早下車，等我起身準備要跳下車，前腳才剛跨出台車，後腳都還來不及著地站穩的剎那，就聽見坑裡發出轟的一聲巨響。

我驚魂未定地回頭一看，身後的礦坑竟然崩塌下來。

首先聚集過來的，就是坑道口在撿煤渣推台車的人。

看著他們先是帶著一臉茫然的表情圍過來，等真正瞭解礦坑裡出事時，大家立刻驚慌失措，現場一片混亂；而陸續趕到礦坑的人，一見到眼前的慘狀，也開始放聲大哭。那時，礦坑前的哭聲真是震耳欲聾，許多丈夫在裡頭工作的女人，因為沒辦法接受突如其來的打擊而昏厥過去。大家呼天搶地，卻又無能為力的悲慘情景，真可謂是人間煉獄。我的眼光略過一張張哀慟欲絕的面孔，心裡又難過又焦急，終於在人群中看到母親那焦急不安的臉。憂心如焚的母親著急的表情，令我不禁流下淚來，直到母親終於找到我時，我們母子抱頭痛哭，父親則站在一旁，老淚縱橫。比起其他礦工，我們一家三口真是幸運得令人忌妒啊！

誰會料到，才早上十點多，我和父親居然就因為要辦酒席，而搭乘無人的台車到礦坑外面來！而且只要再晚個幾秒鐘，或許我們父子倆都會命喪九泉。

該說是老天爺保佑嗎？

父親一生被惡人欺淩，卻在這重要的生死關頭，得到老天爺特別的眷顧，難道是那份義務替鄰里服務的善心救了他嗎？我不知道，只知道敦厚的父母在確定我們一家平安無事後，便告誡家中小孩要哀矜勿喜，因為村裡的許多人家，都在這次礦坑災變中，失去了他們的親人。

一向對公眾事物不遺餘力的父親，連回家都不休息，馬上就投入救災行列。

看著眼前的家屬們急得如熱鍋上的螞蟻，我忍不住悲從中來，也深深領悟到人生無常的道理。

人生無常，當屍體一具具被拖出礦坑的時候，很多都已經腫脹變形，被炸得面目全非，不是斷了頭，就是少了手腳，還有臉被削掉一半的，非常悽慘。

到全國學校監獄育幼院演講總是感恩這套礦工裝

父親和我因為跟這些罹難者都很熟，所以就義務協助他們的家屬辨認與清理屍體。除了把破碎的血肉重新拼成完整的人形，還幫忙把罹難者黑漆漆的臉擦乾淨，讓家屬看清楚，以免不小心認錯人。在進行這些任務的時候，我其實是既難過又害怕的，看到那些平常跟我有說有笑的叔叔伯伯，一個個死狀甚慘地躺在礦坑口臨時搭起來的停屍棚裡，再想到自己曾經和死亡如此接近，我心中頓時對生命有了一層與以往截然不同的體會，那就是「萬貫家財三頓飯，千戶房屋一張床」的道理。

人的生命就如朝露一般，不知道何時會消失無蹤，把握每一刻，努力實現自我才是最重要的人生課題，否則如果就這樣離開人世，似乎是太可惜了！

一九六五包生力麵

為了籌弟弟的學費，五年的商專生涯，我幾乎只能以生力麵充飢。

我在台北商專的日子，拚命打工賺學費，貼補家用。

每天早上三點，我起床盥洗後，就去台北球場當球僮，在陪伴王永慶先生打完高爾夫後，才到學校上課。晚上，我還另外在台北工專夜間部附設印刷廠裡當兼職臨時工，負責印夜間部的考卷，工作時間從傍晚六點一直到十點，一個月的收入大約兩百元左右。通常，在我忙完工作後，回到教授位於東園街的小閣樓裡，都已經接近深夜十一點了。但我還不能休息，十一點到十二點之間，我要替教授整理房子，一直到十二點過後，才是完全屬於我的時間。

此時我才剛要開始看書呢！寫作業，交報告，準備考試等等與課業相關的工作，都只能在這段時間進行。假使我讀書讀到不小心忘了時間，三點一到，我就又得開始忙碌的一天，連小睡一下都來不及。有時想想，自己當年還真像超人，在這種如鏈條般環環緊扣的忙碌生活下，居然還能擔任班上的班代表，每天早上都準時出席，未曾遲到，真是太神奇了。

那時候，我走過自助餐店時，通常只有猛吞口水的份，真的餓到受不了，頭腦發昏時，我就會走到學校的飲水機旁去喝水，一直喝一直喝，用水把自己灌飽，就不會想吃東西了。

我當年最常拿來裹腹止飢的食物，除了免費的開水，就是一包不到五塊錢的生力麵。口袋裡沒錢時，一塊生力麵餅，我可以剁成兩半當成早餐和晚餐，至於中餐，就免了吧！根據我的估算，就讀台北商專的這五年期間，我總共吃掉了一九六五包生力麵。求學這段時間，是這些生力麵幫助我熬過半工半讀的辛酸歲月。

現在，每當我看到台北商專的那紙文憑，就會想起一包包黃澄澄的生力麵。

我也常和朋友開玩笑，戲稱我有一張文憑，是用生力麵換來的，現在，每次看到路上的小學生們人手一包生力麵時，總會覺得非常親切。只是，不知道這些天之驕子們是否能夠想像，他們手上那包可吃可不吃的零嘴曾經是某個人賴以存活的重要糧食啊！

打工求學

積極的人會在問題中看到機會，消極的人則會在每個機會中都看到問題。

我知道擔任王永慶球僮這份工作有它的挑戰性，但是我沒有其他的選擇，只能勇往直前，接下挑戰，並堅持到底。

那是一九六九年的事了，我背負沉重的家計，就讀台北商專會統科。當時的科主任許留芬，知道我繳不出學費，好意介紹我打工的機會。球場老闆說有個企業家都是一大清早就來打球，如果你願意，可以當他的球僮。不過他打球的時候，天都還沒亮，視線很不好，如果找不到他打出去的球，掉一顆都會被他罵上半小時，所以幾乎沒有人敢當他的球僮。我知道這份工作有它的挑戰性，但是我沒有其他的選擇，只能勇往直前，堅定地說：

「我願意。」當時，台塑的名氣不像現在這麼響亮，我壓根兒不知道，我服務的對象就是台塑集團的董事長王永慶，只知道他是一位企業家，姓王。

凌晨三點鐘，我在寒風中騎了二十幾分鐘的腳踏車，來到一座高爾夫球場——企業家和軍中將領最愛光顧的台北球場，一位管理員教我如何揹球袋、擦球桿，還有一些幫客人服務的細節。話才說到一半，一部黑頭轎車停在球場門口，我立刻迎上前去幫他們開門，一對夫婦從車裡緩緩走了出來。這位企業家問我：「你是新來的？」

我點點頭：「是。」他接著問：「你平常是做什麼的？」「我還在讀書。」我恭敬地回答。「啊！你還在讀書！讀哪裡？」「我念台北商專一年級，八點鐘要回到學校上課。」「那你怎麼當我的球僮？這麼說，不是你幫我揹球袋，而是我要配合你的時間囉！」語氣中顯得有些不悅。我告訴他，我很需要這份收入，希望他能給我一個服務的機會。

桿弟人生

到了球場，四處一片黑壓壓的，想找回打出去的每一顆小白球，真的沒那麼容易。我終於知道為什麼沒人敢當他的球僮了！老闆可能有一百個責備員工的理由，但是我知道，這個打工機會得來不易，因此我不想給他有任何挑剔的理由。於是，在開始打第一洞之前，我對他說：「王伯伯，你打球的時候，可不可以先等我一下。」「做什麼？」他操著一口台灣國語。「我要先準備一下。」過了一會兒，我說：「好了，可以開始打了！」在暗夜中，王永慶扭動身軀，打出第一顆球。叩一聲，球飛進一片茫茫的樹林中我快步跑過去，立刻將球撿回來。他很驚訝：「你怎麼那麼厲害？」我告訴他，我的眼力還不錯，球打出去，我就緊盯球不放，再配合「聽聲辨球」的獨門技巧，運用敏銳的聽力判斷球大約的落點，所以很快就能將球撿回來。說完還補上一句：「因為聽說掉球你會罵人。」

「少年仔！我換過了幾十個球僮，第一次見到像你這樣的。既然如此，我就可以放心讓你當我的球僮了，好！那我就配合你上課的時間。」當時的台北球場是九個洞，通常王永慶都會繞兩圈打完十八個洞才結束。有一次，王永慶打到第二回第七個洞時，他突然問：「現在幾點？」我回答：「七點多。」「哦！已經七點多囉，好了，那可以收起來了。」

我心裡覺得納悶，明明還有兩個洞就打完，為什麼突然不打了？

「少年仔，你不是要上課，運動嘛！多一洞少一洞沒有太大差別。」

我心裡覺得很過意不去，便說：「這樣很不好意思還讓你來配合我。」

「打球又不是比賽只是運動而已有什麼關係。」

說完就請夫人李寶珠遞給我百元的小費。當時給一般的行情打完兩圈總共十八個洞，小費是五十元，但他們卻給我一百元，我心裡真是又感激又興奮。這份收入對我來說的確很重要，如果沒有這份收入，我就沒辦法繼續念書。知道我家裡窮，王永慶每天會多給我五十元小費，但是別人弄丟一顆二十元的球，卻要被他罵上老半天。為了配合我的上課時間，他甚至願意縮短打球時間，讓我內心非常感激，也下定決心，既然進入台北商專的大門，無論如何，一定要把書念完，再從這個校門走出去。在王永慶身邊當球僮的日子，讓我學會許多跟做生意有關的邏輯，以及做人做事的道理，也讓我在年輕時代，比其他人能更快速地學會如何把握時間，創造出自己無

2001 年《礦工兒子》出書前，特別去拜訪王永慶董事長

可取代的價值。

王永慶先生的行事風格對我的一生影響很大，尤其是「把握時間」的觀念，就是向他老人家學習的。記得在從事保險業務時，有天早上九點半，我和助理東東準備到某通信公司辦理電話業務，沒想到十點才營業。原本東東提議不如先去吃個早餐等它開門，我覺得很浪費時間，就拉著東東就近拜訪幾個名單中的客戶。沒想到這短短一小時，我們拜訪了三位客戶，還簽下兩份保單。「別人放棄的時間，就是我充分利用的時候」，相信我，我的時間跟你們一樣都是二十四個小時，但我懂得充分利用每一分鐘，這也是造就我成功很重要的關鍵……。

失去求生的意志

從台北商專畢業那一年，父親又因舊傷復發，內臟嚴重出血，再度住進榮總。醫生告訴我們，如果想要保住父親的老命，洗腎換血都已經行不通了，唯有開刀一途，或許還能試試看。但是，這個刀開下去，除了家裡得負擔龐大的醫藥費，對於挽救父親的性命，也只有一成左右的希望，成功率極低。然而壞事好像會傳染似的，就在這個節骨眼上，本來借給我們地方住的那個親戚，竟然要我們搬走，讓我們一家人頓時慌了手腳，不知道該如何是好。幸虧我向經營豆漿店的老闆，也就是我未來的岳父說明狀況後，好心的岳父答應借給我家五萬元先週轉一下，父親才得以簽下開刀的切結書。

我畢業後，便面臨兵役問題，如果此時被徵召入伍，父親龐大的醫藥費恐怕會有付不出來的危險，但是我又不能違抗國家的命令而不去服兵役。於是，我決定去考預官，因為大頭兵一個月的薪水才兩百元，而預官的薪水有兩、三千元左右，收入較高，如果我考上，父親的醫藥費就不用愁了，我可以分期付款，慢慢把欠醫院的錢還掉。但是我以一個區區五專畢業生的資格應考，實在覺得非常自卑。一想到可能考不上，要被派去當大頭兵，再看看家裡老的病的小的弱的，真叫我不知該怎麼辦才好，第一次喪失求生的鬥志。那時，身心俱疲的我，因為想去散散心，就跳上通往碧潭的公車，到達碧潭後，我竟然還花錢租了一艘小船。登上船後，我突然萌生自殺的念頭，由於不會划槳，我就放任小船任意在水上漂流，直到超過警戒線，才猛然驚覺自己正在做一件傻事。我開始大聲向救生員呼救，只是我沒料到，一個重心不穩，船翻了。幸好，救生員有聽到我的求救聲，這才趕緊過來把我拖上岸。驚魂未定的我被救生人員狠狠教訓了一頓，我還記得其中一個人罵我：「你是看外海沒蓋蓋子就隨便跳嗎？」羞愧的我那時恨不得有個地洞可以鑽進去。

我想到我苦了這麼久，現在居然因為一點挫折就想認輸，甚至還因此想自殺，如果我真的就這樣失去寶貴的生命，那麼以往的一切努力，可都白費了呀！

我向救生人員道歉，道謝後，立刻搭車回到榮總陪父親。看著他全身插滿管子和病魔搏鬥的模樣，再看看累得在椅子上小憩的母親，我忍不住留下懺悔的眼淚。

自殺，實在是一件太不負責任的行為了，就算我死了，也無法解決現在困擾著我們的事，甚至，還有可能帶來更多的問題。況且，如果我現在真的自殺了，將來誰來替我照顧爸媽呢？白髮人送黑髮人，又是多麼不孝，多麼令人情何以堪哪？

事實證明，我當時沒有自殺是正確的選擇。放榜後，我榮登第二十四期財務預官的行列，而父親居然也奇蹟似地一天好過一天，最後甚至可以出院回家了呢！

真是讓我喜出望外，唯有好好珍惜自己的生命，所有的幸運才可能會降臨在你的身上。

於成功嶺受訓結訓當天，班主任裴超中將送給在場一萬名學生一段話，他說：「社會有正反兩面，一個人做事做人只要問心無愧、心安理得，處處為別人著想就夠了。」這麼一段話，也成為我這一生的座右銘，時時刻刻提醒自己。

豆漿姻緣

古時候常有那種窮書生接受千金小姐濟助，後來功成名就結成一段好姻緣的故事。雖然我太太並不是什麼有錢人家的小姐，但我和她之間，確實有一段耐人尋味的故事。老闆的好心，成了姻緣紅線。話說我就讀台北商專時，學校附近有一家名為「阜杭豆漿」的早餐店，就是我日後的岳父所經營的。

這家老店至今已經有六十多年歷史，生意一直十分興隆。就在我專四快升專五時，有一天早上，我騎著我那台破舊的爛腳踏車，從高爾夫球場打工回來，經過這家早餐店時，因為食物的香味實在太誘人了，我竟忍不住把腳踏車停在一旁，痴痴地看著他們做生意。後來，因為我實在看得太入神了，老闆開始注意到我，他見我面黃肌瘦，又穿得破破爛爛的，料我必定是沒錢吃早餐。於是，好心的老闆便招手叫我進去裡面吃東西，等我狼吞虎嚥吃下一整個饅頭、豆漿、燒餅油條等等一大堆東西，他們才驚訝地發現，原來，我還真是餓壞了呢！就這樣，又好笑又同情我的豆漿店一家人，從此便與我結下不解之緣。而我的妻子，就是這家豆漿店老闆的女兒。打從那天起，到他們家吃早餐就成為我的例行公事，我堅持無功不受祿，所以會把每天吃的食物和金額記錄下來，準備將來有天經濟能力好轉時，可以把錢全數還給人家。

就這樣，我賒了一年多的早餐費，與豆漿店一家人建起濃厚的感情，也和我未來的妻子關係越來越要好，不僅商專畢業後還保持密切連絡，當兵退伍後一年，就很自然地與她結為連理，步上紅毯的那一端了。

一九七七年結婚，記得結婚前夕，我帶岳父母到我家去見爸媽，那時，我們那幢友蚋的稻草泥糊成的房子，還沒有裝電燈，看起來非常貧窮落後。只見岳父眉頭深鎖，踏出我家大門後，還是堅定地拍拍我肩膀說：「合城，以後我女兒就交給你了。」我聞言後又感動又感激。感動的是，岳父並不嫌棄我家環境不好。感激的是，一向對女兒呵護有加的岳父，竟然願意把他的掌上明珠嫁給我這個窮小子。當我第一次買房子時，懷著感恩的心，不僅將名字登記在妻子名下，還在門口貼上大大的「徐寓」兩個字。每次當我想到，我曾經在岳父母溫暖的早餐店裡，度過一整年美好的晨光時，我就非常感謝他們對我的付出及知遇之恩。

感謝上天給我的恩賜，在人生的旅途中，岳父常在我需要鼓勵的時

2000 年榮獲馬拉松冠軍將榮耀獻給岳父徐仁聰先生

候，開玩笑地告訴我：「至少，豆漿店裡永遠會留給你一口飯吃。」這句話讓我在衝刺事業時，像吃了定心丸一樣，不再害怕萬一失敗了，應該怎麼辦才好。

這就是我的豆漿姻緣，雖然平凡，卻有一種冥冥中註定的奇妙感覺。我不知道別人對於幸福的定義，但是，對我來說，岳父母和妻子對我默默的肯定與關懷，還有那一年多來熱騰騰的早點，大概就是所謂幸福的滋味吧！

第四章

破繭

巧遇恩師指點迷津

四十多年前的某個夜晚，我夢見自己在一間巍峨佛寺中，接受一位慈眉善目的老和尚開示。隔日早晨，我開著車載家人到郊外遊玩時，就有一種感覺驅使我一直往前開，那時孩子們問我說我們要到哪裡去？我回答我也不知道。後來往外看到往萬里的指標，我就說，那就往萬里走好了。說也奇怪，就這樣我竟不知不覺地把車開到台北近郊一座極富盛名的寺廟——靈泉寺。人生的第三個奇遇。

到了寺廟裡，正巧有位老和尚在傳道、說法，我看他老人家的神貌，當場就認出他是我夢中的那位高人，這就是我和惟覺老和尚的相遇過程。彷佛是上天的安排一樣，在聆聽老和尚開示佛法時，他老人家竟然從一、兩百名信眾中，獨獨挑上我來做回應，希望我可以講講自己如何度過生命中最坎坷的難關，把經驗說出來與大家分享。我想了想，把年輕時在礦坑裡的悲慘歲月告訴在場的信眾。老和尚聽完之後，語重心長地告訴我：「煤礦總有挖完的一天，但是你還有個金礦沒有開始挖掘，而這個金礦，可說是你一輩子都挖不完的寶藏。」老和尚口中所稱的金礦，就是指個人的修行。因為前夜的一場夢境，再加上聆聽他老人家說法之後，我整個人感到一陣神清氣爽，通體舒暢，便主動皈依在惟覺老和尚的名下，法號「傳城」。這是我人生的第三個奇遇。

從此，我就開始跟著惟覺老和尚虔心學佛。感到佛學的博大精深，對我整個人的人生觀都有很大的影響。我深深覺得，應該讓更多人體會佛法的奧妙。佛法成為人生中取之不竭的金礦。

出國念書增遠見

由於世世代代都生在煤礦之鄉，家中長輩對子弟的期許並不多，只希望他們能夠趕快長大，希望在他們下礦坑工作後，可以讓自己稍微享享清福。幸好我遇見了曾老師，他開導我必須走出屬於自己的一條路，所以我從小學開始，就很清楚自己的天分是在學業上，也知道唯有努力用功，才有機會得以脫離做一個礦工的悲慘命運。雖然在升學的路上我跌跌撞撞，走得其實並不順利，但我始終秉持著一個原則——「別人放棄的時間，就是自己充分利用的時候」、於是，我沒機會讀高中，就重考五專，趁著預官工作的時間較短，服兵役的時候，再準備插班考大學。好不容易我終於如願以償把大學給念完了，但我認為，接受教育是一種比賺錢要來得更值得的自我投資，所以一直在計畫著出國去進修的事宜。畢業後幾年下來，不僅成立自己的會計師事務所，還擁有公司和及工廠。然而這些世俗的成就仍然無法滿足我，我總是想到王永慶先生的話，他勸我要上進，要好好讀書，不要浪費生命；此外，我也常常回憶起曾老師的諄諄教誨。他們雖然行事風格不同，但兩人都不約而同地提醒我：人對於自我的期許要高，要有遠見，不要受限於眼前的困境，也不要被短淺的利益所惑。

正因為如此，我即使有事業尚待衝刺，有家庭要照顧，還是堅持應該再進修。初到美國時，雖然已經學過好幾年英文，但真的要開口說時，我卻一句話也吐不出來。後來，我拿出早年在台灣苦讀的本事，從清晨到夜晚，硬是強迫自己開口說、動手寫，不到幾個月，我就可以聽得懂老師在課堂上說的話了。說來好笑，當年我以一個接近而立之年，有家累的身分出國去讀書，實在是有點另類。在台灣還有投資一些事業，所以我除了念書之外，還要分心用電話遙控台灣的事業；另外，美國的種族歧視對我也造成一些困擾，有時候同學的舞會或聚會不邀請中國人參加，也讓我的留學生涯留下些許遺憾。

在這樣充滿挫折的留學生涯中，我很高興自己還是撐過來了，雖然我的論文寫了三十八次才過關，不過我畢竟順利取得碩士學位。當時我告訴自己，再怎麼辛苦也不能放棄，所以我縱使每天下課後要泡在圖書館找資料找到九點、十點，我還是告訴自己不要放棄。也幸好能堅持下去，才能有驚無險地畢業。本來我還想繼續攻讀博士學位，不過有一次我的教授帶我到康乃爾大學，他指著一面寫滿名字的牆說，這上頭的名字都是因為無法完成博士學位而自殺的學生，我一聽覺得好震撼，便打消了再繼續攻讀博士的念頭，準備回台灣。

拿到教育碩士學位，我向教育部申請講師證書，當通過教育部審查拿到講師證書那一剎那，我的眼淚不禁掉了下來，想到當初不甘只有助教身分出國留學，經歷痛苦卻能不斷堅持的兩年苦學，終於含淚擁抱甜蜜的成果，怎麼不令我感觸良多？再次驗證了我「能捨能得」的原則確實是正確的。倘若不是我放棄一切到美國去，恐怕今日我就不會得到教育碩士的頭銜了，你說是嗎？

出國前，我因為有感於語文教育的重要，與朋友合資開設一家格蘭英語補習班。這兩年來，雖然在商場上遭受到一些打擊，但總算都能平安度過，學成歸國。

一把傘兩千萬

人生的道理，真的是「有捨必有得」。畢業後，除了教書之外，還經營一些生意。當時透過朋友牽線，在泰國投資橡膠工廠，因為太相信朋友，幾乎全都放手讓同學全權經營，沒想到他竟然偷偷在公司內進行股權轉移，一夕間整個工廠風雲變色，他將整間工廠據為己有，同時留下一大筆債務捲款潛逃。這對我來說是相當大的打擊，回到台灣，眼見七月三十一日的五百多萬支票，週轉不靈要跳票了，我心想，難道我畢生的經營就要這樣垮了嗎？妻子四處打聽，問到板橋有位黃師父半信半疑去請他卜個卦，問我的事業會不會倒？他說「不會」，還指點我「土城有間房子」，在未來三天，叫我親自到現場，就可以把我的房子賣掉。我心想，事到如今，也只有試試看了。

第二天起了個大早，是個颱風天，我來到土城，第一天從早到晚等不到半個人來看房子，第二天也沒有人來，第三天等到傍晚五點多我正想放棄，起身走到中庭，看到外頭又風又雨的，應該沒希望了，心裡正湧上這個絕望念頭之際，看見對面一個老婆婆，手上的傘被風給吹開了，我趕緊衝過去一手撐起傘遮著老婆婆。老婆婆看到我手上的佛珠說：「少年仔！你念佛。」我說：「老婆婆，颱風天您在路上做什麼？」老婆婆說：「我女婿在中和訂了間房子，我要去看看。」我便說：「我這裡有間房子，您要不要也看一下。」老婆婆上來看後沒多說什麼就回去了。

晚上快七點時，我正收拾東西準備回家，等著明天的判決，打開門看見電梯裡走出一位中年男子，他說：「你是蔡先生嗎？我岳母要我請您回家一趟。」我雖疑惑著，但因為他十分堅持，我只好答應。到了男子家中，我放眼望去，只見五、六個人擠在一間不到二十坪的房子裡，小餐桌上的菜少得可憐，只有蘿蔔乾、青菜和豆腐湯，看起來是個很窮的人家，我瞧幾個孩子肚子好像很餓，便一道菜都不敢動，只是一個勁地吃著碗裡的白飯。很快地我吃完了飯也不敢喝湯，老婆婆問女婿身上有多少錢，她想要跟我買這個房子。女婿掏出身上所有的錢八千元，我跟他借了張紙，寫下「八千元訂金」當收據，心想這房子以二千三百五十萬的價錢賣了半年賣不出去，如果是真的遇見貴人，房子賣二千萬明天有了五百萬就可以過關，於是去了尾數以二千萬將這間房子賣掉。回到家中已經十一點多了，妻子問我賣房子的事處理得如何？我搖搖頭，在佛堂前誦經到天亮。

早上八點多，家裡的門鈴響起來，我開門一看，居然是昨天那個老婦人的女婿，他扛著一袋像聖誕老公公的布袋，說是要給我的正式訂金。還沒清醒的我，這輩子真的沒見過這麼多錢，我以為是在做夢，不過一大袋鈔票真的就擺在我眼前。定了定神，我揉揉眼睛就和妻子一起算，數了好久好久，才把五百萬數完。這時候，我才終於知道這一切都不是夢，老婦人是真的要買我的房子，而我也可以安然度過跳票的危機了。後來我才知道，這位老婦人的女婿是土城大地主的兒子，她這次到台北來，就是看女婿在中和已經付了二十五萬訂金買的房子，沒想到跟我這麼投緣，就決定要買我的房子。

一把傘值兩千萬，說出來誰會相信呢？但是，奇蹟就真的在我身上發生了，這件親身體驗的奇蹟，提醒我一個道理：無論在怎麼樣艱困的環境下，仍然不要忘了存著助人的心，如果你有一副好心腸，那麼，相信上天也會特別眷顧你的。

第五章

投資生涯原是夢，再開另一扇窗

六千萬的風水課

從小困苦的環境，促使我長大後極力想在事業上有所成就。

我拚命賺錢、投資，從代理堆高機、橡膠工廠到素食連鎖餐廳，只要能賺錢，我像瘋了似的投入，也因此換來幾次失敗的經驗。最後我決定孤注一擲，結束教職和會計師事務所，專心經營建設公司。長年從事會計師的行業，我深知有很多事情沒辦法自己做主，有時候必須昧著良心幫客戶做假帳。明明是家經營有問題的公司，帳面上卻做得漂漂亮亮。一旦公司倒閉，受害者將無以計數。如果是上市公司，影響更大，數十萬甚至數百萬股東的股票都會變成壁紙，這都是因為做假帳的關係，而我可能是幫凶之一。對我來說，自己種下的因就要自己承擔結果，我沒辦法一面幫客戶做假帳，一面開心地數著自己進帳的鈔票，這不是我想做的事。因此我發願，有朝一日，一定要跳脫這個行業。成立建設公司和廣告公司後，我就結束會計師事務所的業務，同時也因為分身乏術而暫停所有學校和補習班的教學工作。

新樂廣告接的第一個代銷個案，共有一百二十幾戶，但是房子的格局設計不佳，大門一打開就看到廁所，在風水上叫做「對沖」。重視風水的人最忌諱房子大門一打開就看到廁所，臭氣沖天的房子誰要買？但建設公司為了取得較高的銷售坪數，而做了這樣的格局規畫。當時我因為分身乏術而無暇仔細評估，匆匆忙忙就接下這個總銷金額二十億元的案子。本來已經銷售五成了，但很多買方下訂後，找了風水師來看，在風水師的建議下紛紛退屋，最後只賣出兩戶，總共虧了一千多萬元，我還沒有繳完「學費」。第二個案子的格局規畫，在每間房子的主臥室床頭上方，不偏不倚正好是一根大樑，也有很多人不喜歡這樣的房子，認為睡覺頭頂上有一根大樑壓住，住起來容易生病。同樣地，很多客戶在簽約後，找朋友或風水師來看房子後，才發現這個問題，建議他們千萬不能買這樣的房子，於是紛紛解約退屋。兩百戶的案子最後只售出兩戶，而這兩戶正是這兩百戶當中，唯一兩間主臥房床頭上方沒有大樑的房子。身為一位管理者，我因為自己沒有時間審慎評估，挑選案子，結果導致公司虧了很多錢。上完這門昂貴的「風水課」，我下定決心，以後絕不會再栽在風水的問題上。我一心期待，下一個案子一定會更好。

第三個個案地點是在政治大學附近的馬路邊。我認為地點很好，格局也沒問題，接下這個案子肯定不會再虧損了，絕對可以賺很多錢。後來我才知道，那個個案的基地早年曾經是墓地，底下都是墳墓，後來墳墓外移才開始蓋房子。但是我對當地的發展歷史並不熟悉，不知道還有這一段故事。可是來看房子的人，多半是住在附近的人，他們當然很清楚這一區的歷史，要他們買這個房子，等於要他們睡在舊日的墳墓上，他們當然不願意。最後，總共一百八十戶的房子，賣了半年，只賣出一戶，又虧了將近兩千萬。這三個案子總共虧了六千多萬元，不僅將資本額全部花完，還差點週轉不靈，最後還是靠我自己墊錢，才得以轉圜。從外行變內行，外行人做內行生意，非倒不可，除非你認真投入。

賣房子給上帝

天底下沒有不可能的事。

有一天，公司簽下一筆土地，合約簽定後，我才撥出時間去看現場，地點是不錯，只不過對面住了一大群不太受歡迎的「鄰居」。站在基地上放眼望去，整片都是墳墓，一看到這樣的現象，我心裡涼了半截，心想，在這種地方蓋房子要賣給鬼啊！誰敢住在這裡！當下我真的很後悔，為什麼買土地蓋房子這麼重要的事情，竟然沒有事先看過，這麼大意！以前我都會親自看過土地才簽約、這次以為基地條件很好，沒想到看了現場後，才知道是個必死無疑的案子。回來以後難過了兩、三天，都沒辦法好好上班，一想到竟然花了四千八百萬元買下兩千坪墳墓附近的土地，我都不知道該怎麼面對了。因為墳墓附近的房子比較難銷售，這四千多萬，恐怕又虧定了。

我突然想到，我在美國念書時，曾經到教堂受洗過。這個世界上有誰不怕鬼？只有一種人，那就是基督徒。基督徒既不拿香拜拜，也不忌諱墳墓。所以我當下決定要把房子賣給基督徒，請耶穌當我的廣告代言人。路不轉人轉，但是，上哪兒去找基督徒呢？我靈機一動，如果能夠把這個案子跟靈糧堂結合在一起，可能會有機會，而且可以雙贏。為了賣房子給靈糧堂的教友，每個星期六、日，我都到靈糧堂做禮拜，從樓上到樓下，看到每個人都打招呼，先和他們打成一片。我告訴他們，我在美國受洗過，盡量找機會和他們打好關係。

兩個月後，彼此幾乎都認識了，也瞭解這些教友的現況與需求。我向周聯華牧師報告：「現在有一個很好的機會，有一個很棒的地方，我想送你一間占地兩千坪的教堂，還有兩層樓的停車場。「送的？不要錢？真的還是假的？」他一臉不可置信。「當然是真的。」說完我就準備開車帶他到現場親自看一看。到了現場一下車，周牧師皺了皺眉頭，望著我說：「蔡先生，這裡怎麼雜草叢生，而且對面都是墳墓。」「你們基督徒又不怕墳墓。我準備在這塊地上蓋大樓，地下室挖四層樓，兩層做停車場，另外兩層規畫成教堂。如果我們這個社區住的全都是基督徒，要上教堂的話，坐電梯就到了，晚上要懺悔到天亮，也不必擔心沒車可搭，因為主與我們同在，耶穌基督跟我們住在一塊兒。」

他想了想，覺得也有道理，就將七百多位信徒集合起來，由我來召開說明會，那一天，會場裡擠進七百八十幾位基督徒，我對他們說：「我也是耶穌的子民，跟大家報告一個好消息，我準備在文山區蓋一個社區，建築物共有七層樓，地下室兩層當停車場，兩層當教堂，其餘規畫成兩百戶住家。教堂就免費送給你們，而且住在裡面的，全部都是主耶穌的信徒，每天都可以上教堂，搭電梯就可以直達，不必擔心颳風下雨，也不必擔心會塞車遲到，或是找不到車位。你們認為如何？」底下的每個人都很懷疑：哪有這麼好的事！換個角度，創意無限。「這是真的！我已經幫大家想好了，這個山莊取名為『靈糧山莊』。大家有沒有興趣？」接下來就進行意願表決，整個聚會前後三個小時，兩百戶預售屋全部銷售一空。本來預計要虧損四千多萬的案子，最後反而賺了兩千多萬元。

逆境可以是機會，也可以是句點。這證明了天底下沒有不可能的事。即使面對墳墓，也不見得只有死路一條。轉個彎，就有很多活路可走。我沒有太多時間沮喪發愁，我用創意解決問題。一天之內讓兩百戶房子銷售一空，真的沒人想得到，總價二十幾億的預售屋，不僅賣光光，而且搶光光，沒買到的人還很後悔。

遇到逆境的時候，我喜歡動腦筋，只要有對的時機，對的因緣，找到對的人，就能夠為自己創造機會。

天上掉下一部賓士車

當時心裡只是有個念頭，如果可以不花一毛錢，就賺到一輛賓士車，一定很過癮。

我有一個朋友在汎德汽車公司當經理，他在汎德汽車工作了三年。有一天，我到敦化南路去找他，問他賓士車在台灣銷售的情形。他告訴我，雖然台灣有很多企業主都找他買車，但是競爭還是非常激烈，因為還有BMW，VOLVO等同級車款的競爭，再加上賓士車的價格不斐，其實並不好賣。

我異想天開地問他讓我當掛名的業務員，如果我能夠在三個月內賣出一百輛賓士，你們就送我一輛，而且獎金照算。朋友認為我在說天方夜譚，泛德總經理答應我的提議，但是沒有底薪，稅也要照扣。

但客戶在哪裡？我從來沒賣過車，去哪裡找人買車？我靜下心來仔細分析、評估，並擬定銷售策略，整天滿腦子都在想：到底要怎樣才能把車賣出去。面對高級車的傳統銷售手法就是被動坐在公司等潛在客戶打電話進來，這是被動行銷；想成為真正的汽車業務高手，須想出另類的行銷方法，應該主動行銷，用感動行銷，替客戶著想，打進他的心坎裡。別人一對一銷售，我要一對十或一對百銷售，一次就賣出十輛或是百輛汽車。

我記得王永慶曾經對我說過，瞭解一個產業很重要，如果能深入一個產業，將優缺點找出來，一回生，二回熟，很快你就會變專家了。於是我花了兩個禮拜的時間到SAAB、VOLVO、JAGUAR的展示場，佯裝成客戶，坐下來和他們談；瞭解國內車市的狀況、車子性能、價格，問他們哪一種人喜歡他們的車，慢慢就對車市有了概念。大約走訪了二十幾家車商後，我已經將所有國產、進口車種的狀況摸得一清二楚。當我的目標客戶談到其他競爭車種時，我也能有足夠的專業可以回答他的疑問。

我很清楚，想達成在三個月內賣出一百部賓士車的目標，用傳統的方法銷售絕對行不通，剛開始時因為對這個行業不熟悉，摸不到門路，找不到合適的對象，不斷摸索嘗試，也不斷被拒絕，十分痛苦。

又過了一個星期，還是沒想到解決方案，後來我靈機一動，既然我可以把整個社區的房子賣給耶穌，為什麼不能把車子賣給一個對象。一個人跟我買十輛車，想必很快就能賺到一輛賓士車了。可是，究竟要上哪兒才能找到一次肯買十輛賓士車的客戶呢？如果我能說服企業的董事長，買賓士車做為犒賞公司主管的禮物。這筆支出一方面可以提列公司費用，達到節稅的目的，另一方面也可以藉以獎勵公司的優秀幹部，只要他們在公司服務滿五年或十年，這輛車就送給他們。這樣的銷售方法的確滿有創意，不過首先得找到很賺錢的公司才花得起這筆錢；其次也必須老闆首肯，這樣或許可以行得通。

接下來，我從很多上市、上櫃公司的資料中去篩選，從一百多家企業中，挑選出三、四十家，接下來就開始一一登門拜訪，跟他們暢談我的提議。拜訪了很多上市、上櫃公司，他們的回答都是不可能。有些老闆自己都捨不得開賓士車了，更遑論要送給員工。「我自己都沒開賓士了，怎麼可能買給主管開，你要讓我公司倒閉嗎？」「不用週轉金嗎？」「浪費！」什麼說法都有。有些人以為我是騙子，有些則罵我是瘋子：「你瘋了嗎？那是不可能的事，叫我送賓士車給公司幹部，公司又不是發大財，你乾脆去問王永慶，看他願不願意！」我記得以前王永慶董事長開的是凱迪拉克，一輛車開了二十年，後車廂的蓋子都蓋不上了，還捨不得換，自己開的車都那麼破舊了，怎麼可能送員工賓士車？

眼看三個月的期限就快到了，還是沒有一家成功，只有一家公司想跟我買一輛，那是因為老闆自己要換車，但是我放棄了這筆生意，我請汎德汽車內部的業務員去做，因為那不是我的目標。我的目標是一個人至少要買十輛，因為一輛一輛賣，根本沒辦法達成我要的結果。

整整三個月，連一輛車都沒賣出去。我心裡很不服氣，我一向不是容易認輸的人，絕不會因為一失敗就輕易放棄。「天底下哪有這麼難的事情？」我真的覺得我應該可以做得到。

三個月內沒有達成目標，約定就算無效，獎金也沒了。我要求泛德總經理再給我一點時間，總經理終於答應將約定期限從三個月延長到半年，如果我可以在半年內賣出一百輛賓士，一輛原價三百萬元的賓士車，就以一百五十萬元賣給我，而且每賣一輛車子，還可以有十萬元的獎金。

當一個成功的業務員，除了要有智慧，還要有專業。找出自己的興趣與特質，選定行業，勇往直前。入錯行就像投錯胎，再回頭已是百年身，絕對要謹慎。

方法沒錯，對象搞錯

我不應該找傳統行業，而是要從高風險、高報酬，未來願景一片大好的高科技業下手。這些年輕氣盛的少年頭家，很有衝勁，也很敢投資。

之前我找的對象多半是事業有成的老闆，有點年紀，也賺了不少錢。但是，這種打拚一輩子才有今日成就的傳統企業家，知道這一切都得來不易，因此通常都很節儉，就像王永慶一樣，怎麼可能那麼闊氣，一下子買十輛賓士犒賞主管呢？

原來方法沒錯，只是搞錯對象了。我應該要從高風險、高報酬，未來願景一片大好的高科技業下手，例如網路公司、軟體公司等等，充滿無限夢想，未來不可限量的前瞻性產業。我打開報章雜誌開始過濾名單發現有一家華翔軟體公司，總經理是一位三十出頭的年輕人，他們的成長率都是百分之百，這家立志成為「大中華最大的軟體發行商」的公司，前景看好，員工福利佳，因為軟體公司最注重的就是人才，我相信軟體公司的老闆應該比較願意提供優秀幹部令人稱羨的福利。

當時華翔軟體的總公司就設在台北火車站對面的大亞百貨大樓裡，我設法找到他們公司的電話，大概打了上百通，但總經理就是不理不睬，從來不接我的電話。他每天那麼忙，既然這樣，那就主動去認識他吧！我有事沒事就去他們公司走走，先看看他們老闆長什麼樣子，翻翻雜誌裡頭有刊載一些公司幹部的照片，我想，站在第一排中間的這位，應該就是他們的總經理吧！我努力將他的長相記在我腦海裡。

整整三個星期的苦苦守候，還是連他的身影都沒見著。「不行，還有一個多月的時間，還有機會。」我不給自己逃避的理由，我不死心，還是繼續去等他。有一天，忽然看到一個長得很像照片中的人，我心裡一急，手中熱呼呼的麵線不慎翻倒在地，我也來不及處理散落一地的麵線，我緊跟在他身後，一起進入電梯。

「請問您是賴總嗎？」他很驚訝我怎麼認識他。「我是蔡先生。打電話找您很久，都沒能和您說上話。」「我很忙，沒有空。」語氣還是很冷漠。「能不能給我五分鐘的時間，我想跟您談一談，這件事一定會對您有幫助。」我在電梯裡纏著他不放，一直要求他給我一點時間。也許是拗不過，也許是看我很有誠意，他勉為其難地表示，最多只能給我五分鐘再堅持五分鐘。成功大門終開啟這五分鐘，是我守候近一個月，用將近一千個五分鐘換來的，如果我中途放棄了就沒有這得來不易的五分鐘，沒有這五分鐘，就不會有成功的可能。是自己的堅持，開啟了這扇別人難以開啟的大門，門開了，我終於順利進入他的辦公室。我先簡單自我介紹，大力讚揚他和他們公司：「總經理，您實在很優秀，這麼年輕事業就做得這麼大，這個公司的未來不可限量，一定會像美國微軟一樣成功。」當時正意氣風發的他，完全不把美國微軟看在眼裡：我單刀直入地向他說明我的來意：「我是泛德汽車的業務代理商，我查清楚你們公司未來股票即將上櫃上市，將來你們公司會很賺錢。您是一個很棒的老闆，我想向您建議一件事情，假如您送給這些經理級以上的幹部，每個人一輛寶馬汽車，車子的費用可以向銀行貸款，費用又可以逐年攤提為公司成本，不過這些幹部必須在公司服務滿六年，六年後這輛車就過戶給他們。如此一來，這些優秀員工一定會對公司死心塌地，因為全台灣沒有一家公司這樣做，您是台灣史上第一個對員工這麼好的老闆，這種前瞻性的眼光不得了。」看他沒有反駁的意思，我趕緊乘勝追擊：「您看看，微軟公司經理級以上的待遇都很高，哪一個沒有車子？」「你在開玩笑嗎？我們有多少經理你知道嗎，幾十個耶！」他瞪大眼睛。「那就更應該這麼做了。如果這幾十個重要幹部離開公司的話，公司一定會受到嚴重影響。」「不然應該怎麼做？你是會計師，幫我分析一下怎麼做對公司最有利？」

軟體業最重要的就是人才，對員工大方，員工一定會死心塌地，他回頭一想，公司正準備增資，那麼多錢湧進來，花一些應該不會有問題，於是我告訴他，賺錢的企業每年都要繳很多稅，繳了稅以後，錢就變成政府的，與其給政府，不如給公司員工，拉攏人才，怎麼會不好呢！」答應了我的提議：「就照你的意思幫我規畫吧！」

這一筆賣出三十九輛寶馬，已經遠超過一個業務經理三年的業績，但我還不滿意，因為我的目標是一百輛。從這次的成功經驗，讓我更確認，用心找出適合的對象，真的非常重要。我是從將近一百家公司中，才找出這麼一家，我很清楚，這種對象很難找，因此也更用心希望能夠再找出幾家適合銷售的對象。

有了一次「量販」汽車的成功經驗後，接下來就容易多了。三家公司總共買了九十九輛寶馬汽車，還差一輛就達成當初設定的目標。不過，半年的期限已經到了，結算下來，我總共獲得九百九十萬元的獎金，扣掉一百五十萬元的車款，結餘八百多萬，還能免費獲得一輛寶馬。如果我跟其他業務員一樣，一輛一輛賣，恐怕一年也賣不掉這麼多車子。重點不在於要多懂車子，而是要用心去行銷，如果沒有用心經營，怎麼會成功；如果用傳統的銷售方式，大家怎麼做，就跟著這麼做，就不可能有成功的機會。

第六章

亞洲保險王

從失業到保險天王

一九九七年，我正式結束建設公司和廣告公司的經營，我失業了！

沒有工作，只有一屁股債！中年失業很痛苦，回頭當一般職員或教書的收入，都無法還清我的負債。一年多後，一個機緣，一個念頭，我投入保險工作，以保險新兵之姿，連續五年破全國紀錄，成為「亞洲保險王」。

早年我太太在國泰壽險公司主管的力邀下，進入國泰保險工作，第一個月的收入就高達八十幾萬元。但是我一直沒有參與，只是偶爾幫忙介紹一些客戶。在偶然的機會下，我得知國泰集團的老闆吃素，因為我也學佛的關係，因此認為這個慈悲的老闆肯定很值得跟隨。再加上自己的會計師專業背景，我心想，如果投入保險業，應該可以做高額租稅規畫。從事業務工作，比較容易改善環境，改善經濟；但是，做業務工作必須突破自己的心防，放下身段，勇敢面對自己。雖然必須從零開始，但至少有機會創造高額獎金收入，總比在一般公司當夥計、領固定薪水要好一些。

四十五歲才開始做保險

第一天一進入國泰，看到辦公桌破舊不堪，想起自己以前當老闆時的風光，心情很是低落。這時候我突然想起王永慶說的：「做什麼，像什麼。」我想，做任何一個行業都應該如此。現在很多年輕人做什麼，怨什麼，不滿足現狀，又不願意改變，真的很可惜。因為日子一旦過去了，就不會再回來，生命亦是如此，要懂得把握機會。念頭一轉，我告訴自己：把過去都忘了吧！當一天和尚敲一天鐘，往前看，現在我只想破保險業界的紀錄，做一個改變歷史的人。很快地我就把心情調適過來，走到營業處經理室的辦公室，看到黑板上寫著「七百五十P」。那時候我剛進國泰人壽三天，壓根兒不懂七百五十P是什麼意思，經理跟我解釋，那是一個單位一個月必須達到的業務量。這時候，一股不服輸的想法突然湧上心頭，不知怎麼的，我突然對經理說：「我跟你打賭，七百五P，我一個人做到！」經理覺得我根本是痴人說夢，搞不清狀況才敢這樣說大話。「我們打賭十萬元，如果我真的做到了，你給我十萬元；如果做不到，我給你十萬。」

說實話，在和經理打賭的時候，我根本不知道客戶在哪裡，只是一股企圖心，想鞭策自己創造業績，創造歷史。

第二屆高峰會長精心裝扮很有魅力喔

半夜的一通電話

跟經理打賭完幾天後，有天晚上十點多，我突然接到一通電話，電話那頭的人自我介紹說他姓許，表示有問題要請教我，不知道方便嗎？雖然一時之間我還搞不太清楚對方究竟是何許人也，但我還是很爽快地答應了。只是有點好奇，他是怎麼認識我的？原來不久前，他曾經在一個場合跟我交換過名片。因為知道我有會計師和經營公司的背景，想請教我關於他公司的問題。我跟那位董事長說，公司的幹部攸關重大，尤其是高科技公司的幹部，更是重要，董事長如果對科技外行，總經理就一定要是內行人。因為電話講太久，耳朵痛了，手也痠了，我將話筒由左邊移到右邊，看一看手錶已經半夜一點多了。他接著又問了我很多問題，包括投資、稅務等問題，以及他的土地該如何處理等等。「現在景氣不好，你如當時時機不好，我建議他先等待時機，暫緩推出新的建案……」

那通晚上十點打來的電話，我們就這樣一直聊到隔天早上五點鐘，討論公司應該如何調整，如何才能上櫃；討論應該如何投資，人事應該如何管理；討論產業結構變化，財務如何獨立運作等等，雙方相談甚歡。

等話題告一段落後，我隨口向他提及目前我剛轉換跑道，準備在保險領域大展身手；沒想到這位董事長沒有排斥保險，反而主動問我說：「蔡先生，要讓你破紀錄的話，需要繳多少保費？」

我告訴他，每年至少要繳幾千萬元的保費，保額至少五億元以上。保險的話題大約只談了三分鐘，說著說著，天也快亮了，他叫我天亮之後，到公司找他談保險細節，如果他一個人額度不夠還有他弟弟、弟媳，跟他太太都可以一起保險。

一夜成交三千多萬保費

電話掛斷後，我捏一捏自己，懷疑這究竟是真的？還是一場夢？我趕緊把臉洗一洗，讓自己清醒一下，換好衣服就出門前往他所說的地址。六點多就到了他們公司門口，坐在樓下靜靜等待著。

八點鐘一到，一位穿著布鞋，帶著一點草根性的人朝著我走過來：「蔡先生，讓你等很久囉！」說完就示意我跟他上八樓。到了辦公室後，他轉身對我說：「我今天為了你，沒有吃早餐喔！」接著就叫他弟弟一起去做體檢：「我答應蔡先生要捧他的場，給他服務的機會。」說完，兄弟兩人就跟著我一起去檢驗所進行體檢。還沒有提保險規畫書就去做體檢，這可是頭一遭。但是我心想：「他的錢不是都已經賠光了嗎？沒有錢怎麼買保險？」於是就直接問他：「董事長您不是賠了很多錢嗎？」沒想到他還是很阿莎力：「錢沒有關係啦！不用擔心，錢是小事情。表面上看我負債累累，實際上我還是很有錢，我土地很多啦！就幫我買最高額度的保險吧！」

原本以為他只是想捧我的場，意思一下而已，萬萬沒想到他願意投保的額度竟然這麼高，連我自己都覺得不可思議，因為他看起來不像有錢人的樣子，打扮得就像一般的歐吉桑，穿著也很簡單。我心裡半信半疑，回到公司後，就翻遍國泰人壽的所有商品每一種商品都挑最高額度幫他規畫，總共年繳保費一千三百萬元，再把建議書與要保書送去給他。沒想到他們兩兄弟二話不說就全盤接受了：「就照你的規畫，全部都十年期。」我突然愣在那裡，這一切來得太快，快得讓人來不及反應。就這樣，我在一夜之間成交三千多萬元的保費收入。那一個月，我一個人不僅達到七百五十P的團隊目標，甚至還做到兩、三千萬，不只破公司紀錄，還破了全國紀錄，該月的業績攀上全亞洲第一。我這個初生之犢，竟然躍登為「亞洲保險王」，公司還為了我，特別印製《號外》來刊載這件事。當然，我也賺到經理那十萬元的賭金囉！

「臨事需替別人想，論人先將自己想。」這句話說得真是一點也沒錯。碰到事情的時候，不論是非，不談利益，先替別人想就對了。

人一定要捨得，先捨後得，做任何事都應該先求付出，最後就算沒有結果，就當作結善緣好了。多幫別人想一想，好心總是會有好報。

一張即將跳票的支票，一把風雨中的愛心傘，同樣證明了這個道理。這句話說得是一點也沒錯。碰到事的時候，不論是非，不談利益，先替別人著想就對了。誰又料想得到，颱風天的一把傘幫我度過難關，夜晚的一通電話竟然會挺我進高峰！

超級業務的異常行徑

我是一個以身作則的人，任何事情都帶頭做，而不是等著坐收夥伴的成果，跟著我，可以獲得專業的傳承與工作態度。在進入國泰人壽之前，我的座車是賓士汽車，而且還請了一名司機。失業那一年，司機沒了，但車子還在。我把保險當成一份事業在經營，而不是走投無路時的選項，因此進入國泰人壽一個月後，我又重新聘請司機和助理。一般的業務員沒有壓力，每個月賺五千元也好。賺一萬元也好，但是我有助理和司機，每個月的開銷十幾萬元，就像經營公司一樣，這些都是我的成本。有成本就有壓力，如果不認真做，一個月就要虧十幾萬元，我沒有不拚命的理由，怎麼能夠不認真做，這樣一來，可以激勵自己必須衝刺業績，以經營一家公司的模式用心努力，而不是以可有可無的心態來面對這份工作。如果業務工作做得好，有一天要經營事業，自己當老闆也會做得很好，因為原理是一樣的，就看你用什麼態度去面對。

有一天，我從國泰大樓準備出去拜訪客戶，在電梯門口準備搭乘電梯。在等待電梯的空檔，一位年輕的女同事從十二樓的辦公室走了出來，我們兩人先後進了電梯。這位女同事認為十三樓的業務同仁都是靠人脈，「你們樓上的同仁業績壓力很大哦！」這位女同事開口說話了。事實上，這位女同事是樓下公司重點培養的生力軍業績最好的一位同仁，

2001年榮獲國泰人壽第一屆海外高峰會副會長

工作也很拚。我看了她，覺得彼此滿投緣的，於是率直地開口邀她：「妳要不要跟我一起做保險？」我也不客氣地回她說：「你們樓下的做不到高額保險！」電梯很快就到達一樓，出電梯前，我們彼此交換名片。這位女同事低頭看了看名片：「喔！原來你就是蔡合城。」而這位女同事，後來也成了我最得力的合作夥伴，我們叫她「東東」。

知己知彼，百戰百勝

有一次，我約訪了一位董事長，過程相談甚歡，在最後的五分鐘，我拿出規畫書，「董事長，是不是可以給我一次服務的機會？」

只要有心，就有機會。董事長在看到我的規畫書之後，非常驚訝：「你怎麼會知道我的年齡？」我說：「因為與董事長見一次面非常不容易，所以我特別用心，這份規畫書先幫您規畫三千萬元的保單，但是依您的資產，實在應該規畫六千萬比較恰當。」董事長說：「你連我有多少財產都知道哦！你事先調查我的身家資料嗎？」「董事長，您的時間非常寶貴，我有心為您服務，不能隨便打一份不切實際的規畫書，那是浪費您的時間。」五分鐘的時間，第一次見面就成交一張高額保單，都是因為事前用心研讀資料的緣故。

還有一次，我從台北開車到台南安平工業區去找一位董事長，董事長和我談了一個多小時，他告訴我：「我的錢大部分都捐出去了，其實真的也沒什麼好規畫的。不過我可以幫你介紹一個人，就是我弟弟，也就是公司的總經理，他可能比我有需要。」一見到總經理，我立刻從袋子裡取出總經理的規畫書。「怎麼，你連我的也有準備。」總經理一副不可置信的樣子。我趕緊說明：「一趟路下來，總要一次見到兩位才有價值。」沒錯，在高鐵通車之前，來回台南一趟，就得花掉一天的時間。光是從台南找到安平工業區的工廠，就花了將近兩個小時。但是，不管客戶在那裡，只要有心，就有機會。台南很遠嗎？心，其實才是最遠的距離，只要有心，再遠的距離都會拉近。

榮獲第三屆國泰人壽高峰會會長殊榮——看雜誌找客戶

我一直保持閱讀的習慣，也經常從報章雜誌上找尋潛在客戶。

我在雜誌上看到了「一位年輕女創辦人陸續取得韓國三星電子（Samsung）、美國凱特利半導體，以及台灣福昌半導體的代理權」這則報導。我立刻產生興趣，因為一位這麼年輕的女性，就可以經營一家這麼大的公司，肯定不是普通人物，我一定要去拜訪她。我主動打電話邀約董事長。

「董事長您好，我是國泰人壽蔡合城，我想拿一卷錄音帶跟您結個緣，不知您有沒有空，我到公司去拜訪您。」我學佛多年，在三十多年前受邀到一個佛教團體演講，講題內容是關於我在礦坑長大的傳奇故事，包括改變我人生的三個奇遇等等，由於演講大受歡迎，現場有人將我的專題演講內容製成錄音帶，在全國各個國中、小學，以及慈濟等佛教團體廣為流傳，我帶著這卷《礦工的兒子》錄音帶和惟覺老和尚的《參禪要旨》去拜訪她，並邀她一起去打禪七。我們聊得非常愉快，從我的成長故事談到他們公司的經營現況，從公司的管理、會計制度，一直談到公司上市上櫃等各方面的問題。

榮獲海峽兩岸品牌傳奇人物獎

我幫她檢視經營管理的問題。我甚至向她建議，因為一家公司最大的資產就是人才，有好的工作夥伴，做起事情才能事半功倍。也把原為節稅成立的三家公司合併成為一家。公司合併以後開始脫胎換骨，營業額也大幅成長。基於風險管理，我建議她在公司上市上櫃之前，透過租稅規畫適度降低公司經營風險。我用兩個禮拜的時間，為她規畫一份年繳一百二十萬元，保額一億元的保單，而她也接受了。

也許有人會認為，我都是靠我的會計師專業，才能做到這些高額保單。那麼，是不是每一位從事保險工作的業務員，都應該先去考取會計師執照，再來從事保險？你認為呢？即使努力讀書，也不見得人人考得上會計師執照；就算考取執照的人，也不一定都會做保險。每個人都有自己的專長與特質，只要善用自己的長處，人人都可以開創出自己的一片天。

2003 年榮獲第三屆國泰人壽高峰會會長殊榮

第七章

永不放棄

對於命運，我無從比較

這樣的念頭讓我自己即使身陷困難，也能夠坦然面對，不會怨天尤人！這樣的人生態度，不是與生俱來，而是和家庭教育有關。一個好的父母親，教育程度不需要很高，只要能夠將家庭教育做好，在生活中深知感恩惜福，孩子自然就容易擁有正確的價值觀和做人處事的道理。小時候，只要大雨過，我們家整個茅草房子都倒了，一家六口只好暫時在大樹底下棲息一晚。房子都毀了，不見大人們驚慌失措，只見我的父母親仍舊一派輕鬆，母親對我說：「兒子啊！沒關係，明天我們兩個認真一點，再把房子砌起來就好了。」這種豁達的人生態度，為我們做了最好的榜樣。

面對房子不見了的困境，我的父母親沒有懷憂喪志，怨天尤人，反而積極面對問題。就像聖嚴法師所說的：「人生遇到挫折是正常的，當我們面對挫折，面對困境，不必往最壞的地方想，而要朝最好的方向看。大雨天，雨總會停，大風天，風總是會轉向，天黑了，明天依然會天亮。這就是心中有希望，有希望就有平安、就有未來。」當大人們都能夠處之泰然、隨遇而安了，我心裡自然會認為，我一個小孩子受這麼點苦，也算不了什麼。小學時，每當我需要錢買文具時，母親總是會挖出埋在泥牆裡的銅板，再將錢拿給我。我記得有一次我需要五毛錢買毛筆，她挖遍家中所有的泥牆，卻怎麼都找不到錢，家中窮到連五毛錢都沒有；可是母親並沒有埋怨老天不憐憫，反而告訴我：「兒子啊！窮並不可恥，我們要人窮志不窮。」也因此奠定我日後看待金錢的正確觀念。

受到父母親身教的影響，雖然在物質上很辛苦，但是我沒有當做是一種苦；環境雖然很窮，但我不認為自己是個真正的窮小孩。當我有機會去讀書工作，我都很珍惜。如果能夠體會「惜福」的真正含意時，所有的困難自然而然就不成問題了。後來我成為超級業務員，我沒有貢高我慢，覺得自己多了不起，我感謝老闆給我機會工作，感謝客戶跟我買東西讓我賺錢；我知道一切都要珍惜感恩，這都是父母親身教的影響。每回父親在礦坑裡辛苦工作，回到家裡看見母親在菜園裡種菜，不管他的身體再怎麼疲累，都會下田去幫母親澆水施肥，一直幫忙到天黑才回家。黃昏時刻，家裡附近的大樹下，有時會出現母親依偎在父親懷裡的身影，彷彿白天的所有辛勞，都煙消於這一幅溫馨的畫面中。看到父母親這種同甘苦共患難的精神，讓我覺得，雖然家裡的經濟環境這麼貧窮，但心靈的資產卻是最富有的。將心比心去面對自己的家庭和朋友，這是我一生中最想學習的事情。

一場改變人生的演講

一般人很難想像，一場演講可以扭轉一個人的人生！

我走遍全台灣的監獄，對著受刑人演講，我相信，沒有永遠的壞人，只是他們一時走錯了路，希望用我的故事感動他們，引導他們走回人生正確的道路。

二〇〇一年的某一天，國防部打一通電話給張東秀執行長（以下稱東東），很神祕地說要請我到某單位演講，但只能告訴我地址，保留單位的名稱。當時我開車到秀朗橋下，抬頭一看，竟是「國防部北區檢察署看守所」。

由於完全沒預期對象是受刑人，一進去講廳，看見現場有兩百八十幾個人等著聽我演講，頓時感動湧上心頭，連講了三小時，一口氣沒有停過。就在我們準備離開時，有個年輕人遠遠大喊：「老師，請等一下再走！」接著他說：「我聽了你的演講，心裡非常感動！但你能不能回答我，為什麼你小時候那麼窮、那麼苦，卻沒有倒下去？沒有從此自暴自棄？」

我回頭定定地看著這位年輕、斯文的受刑人，問他犯了什麼罪到這裡？接下來他說出的親身經歷，如同時下許多莽撞成事者的縮影。「我在頂尖國立大學念了一年，再轉到私立大學讀一年，不久，就休學入伍當兵。當兵期間因為缺錢，找了個婦女搶劫一千元，我完全沒想到，一念之差，得遭受軍法審判，一判就是兩年半！」一千元換來兩年半的牢獄歲月，以及一輩子無法抹滅的前科紀錄。

我望著眼前這個應該有大好前程的年輕人，無限感慨！當兵不好好當，到麥當勞打工，一天也可賺幾百元。「有沒有想到未來前途在哪裡？現在找到自己的方向，知道自己應該怎麼做了嗎？」他低下頭，難過地說：「我錯了。」我拍拍他的肩膀，和東東踏著沉重的步伐離開。

跨出大門，抬頭對著北區看守所的招牌注視了許久，突然頓悟，發願走遍台灣所有監獄，要將自己的人生體悟傳播出去，告訴曾經犯錯的受刑人。

這位年輕人的經歷，不禁讓我想起在小學六年級時到基隆找表姐的路上，經過一家水果店，看到橘子很漂亮，心想這橘子應該很甜吧，就順手拿了一個橘子邊走邊吃。回到家以後，想到自己竟然學會「偷」，就很難過。

於是，我走到靜修寺，跪在老和尚面前告訴師父，師父訓示我——「小時偷橘，大時偷

2001 年到台中監獄演講做教化

錢」，你去背《懺悔文》——往昔所造諸惡業，皆由無始貪瞋痴，從身語意之所生，一切業障皆懺悔……。

即便像我這樣兒時窮苦，長大後仍能可以做出對社會有益的事，這就表示人生有無限的希望，而我們有扭轉命運的選擇。

就是因為這場演講，可能改變那位因搶劫而坐牢的年輕人的一生，但，同樣也改變了我的後半生。

結束這場演講後，我向出

2002 年到宜蘭靖廬演講

版社買了十萬本《礦工的兒子》，捐到全國的小學、國中、高中、大學及全國育幼院、國防部看守所、法務部看守所、監獄、少觀所、戒治所等等。爾後，因陸續接到各個典獄長打電話來的演講邀約，從此，從台灣由北至南，再從台東、綠島、金門到澎湖，我們把握每一個能與受刑人面對面分享的機會。

記得第一次到基隆監獄，東東穿著洋裝發送佛珠及懺悔文，受刑人竟只顧著看她，不專心聽我演講。從此以後我們改變穿著，我穿著礦工裝，東東穿著居士服，我們發願像苦行僧般地，走遍全國六十五個監獄，甚至是收容偷渡客的新竹、宜蘭靖廬，同樣親身探訪，每人送上一本《礦工的兒子》勉勵他們，告訴他們失敗是人生最好的轉捩點，擦乾淚水後絕對能重新再出發！

二〇〇三年成立「礦工兒子教育基金會」

人生就是這麼奇妙！走訪監獄的過程，也造就了我現在從事的志業。

原本我只是想幫助受刑人，讓他們能從錯誤中悔悟，離開監獄後做對社會有幫助的事。不過，在對全國受刑人巡迴演講期間，我注意到待在少年觀護所的孩子絕大多數是家庭破碎、父母離異而寄住育幼院，這些孩子，因為成長過程缺乏關懷才走入歧途。面對這些身世堪憐的孩子，有個念頭在我腦中揮之不去：「我要用盡心力，協助育幼院小朋友不要誤入歧途到監獄報到！」

於是我和東東兩人馬不停蹄，跑保險業務及到監獄演講成就了第三屆高峰會會長亮眼的成績，同時那優渥的獎金大家有志一同將它捐出，終於湊足最低門檻五百萬元成立基金會，好感恩喔！我們是小小業務員，真是願力大。真是太神奇了。在二〇〇三年正式設立了「礦工兒子教育基金會」。我們每年大約有六個半月的時間，都花在一步一腳印走訪全國的育幼院。從實地去了解、關心育幼院院童到獎學金的發放。礦工兒子教育基金會都是在做前人沒做過的事。我們是全國唯一頒發獎學金人數沒有上限的單位，育幼院學童只要學期總成績達到基金會訂定的標準（即國小學業成績達八十分，國中以上學業成績達八十分，且操行成績達八十分），即可來申請，完全無人數限制。

到義光育幼院演講頒發獎學金

到現在第十九年了，我一直相信這是一份志業而不是事業，無時無刻在心裡感恩：感謝很多好朋友默默支持我們，可以幫助這麼多小朋友！

一直以來，我都認為，孩子展開他的人生之後，「生育」、「養育」與「教育」三個部分支撐孩子的生命歷程。其中，最重要的、對孩子影響最大的就是教育。在少年觀護所我看過許多青少年來自育幼院，因為國中輟學卻沒有一技之長而遊手好閒，了解實情後，讓我更堅定要做這件事。

現在很感恩，上天讓我踏上這條路，就是做我自己想做，並且真正應該做的事。台灣貧富差距越來越大，很多父母生下孩子，有些人不盡責、有些人卻無力養育與教育他們，所以被送到育幼院的小朋友越來越多。

人們常認為，生出敗家子是在造業。這樣的觀念真的正確嗎？其實，孩子絕不是在娘胎就是「壞胚子」，都是因為沒有好好教養，或者縱容他變壞而放手不管、導致他誤入歧途。所謂「養不教，父之過」，為人父母真正的責任在教育。這是我看到的困境，但希望在有生之年能幫助這些沒有完整環境成長的孩子。再次走進少觀所因中輟好奇、模仿、父母忙、沒人關心等。吸毒

全省走透透到花蓮高工演講

到弘化育幼院席地而坐與小朋友演講

被關的孩子們占了絕大多數。桃園女子監獄，帶著三歲以下的娃娃跟著媽媽一起服刑的女同學們，越來越多，個個年輕貌美，真是經不起毒品的誘惑及錯亂的價值觀。

全國監獄走一遭後有很深的體會——有的人不見棺材不流淚，經常重蹈覆轍，甚至更變本加厲的人，就是無法領悟自己的錯誤行為。而真正的「悟」，是需要大徹大悟的！但也因為看到這些曾經犯錯、迷失的受刑者，我把人生下半場的志向，就放在「礦工兒子教育基金會」的運轉上，如何讓基金會能做更有意義的事，是我這一生最想做好的事。

第八章

癌末判死刑

全身痠痛，癌菩薩現身

當我生病的時候，第一件想到的事就是——當我離開人世時，基金會還能正常運作、傳承下去，繼續幫助需要幫助的小孩，我的人生才沒有遺憾。

我會罹患癌症，病根是從小就種下的。從小學到國中，因為要扛起家計進礦坑工作，照顧弟妹、兼顧課業，很早就加入夜貓子行列，即便念了台北商專晚上仍繼續到夜補校當印刷工；往後，四十幾年期間，沒有一天在凌晨三點以前闔眼，但每天一定是六點起床，一天只睡三小時。

如此長期漠視身體健康，沒有好好善待這些器官的態度，還讓身體器官陪我過度工作，甚至一整天下來，到了晚上十一、二點才用餐。過去十餘年，我走遍監獄、學校、育幼院，還是用一樣的方式對待身體，積勞自然成疾，卻還自恃體質很好，現在想來，真是十分可笑。

十幾年前，我的病灶剛出現時，面有菜色是最初徵兆，朋友見了我，也都提醒我臉色不太好。漸漸地，我的面容失去應有的血色，但因為意志力太堅強，工作和生活態度都依然如昔。二〇〇八年年初，開始感覺到腰痠背痛，先去找一位知名推骨師治療，又陸續到其他地方。遍尋良醫，但因為沒有對症下藥，甚至尋求江湖術士，當然無法解決痠痛的不適。

過了不久，發現開會、看書、辦公都很容易疲累，一場演講結束，精力像被抽空了一樣。接著，身體出現了更異常的反應。由於實在痠痛、疲倦到十分不舒服的程度，白天經常不知不覺就打起瞌睡，這是自以為「鐵打」的我，從來不曾出現過的情況。接著，伴隨出現的腰部抽痛應該是「癌菩薩」提醒我該好好休息了，但祂見我依然我行我素，沒多久，肩膀就痛到抬不起來。劇烈的疼痛一直從肩胛骨蔓延到手臂、手腕，這時，身體已經二十四小時被痛楚占據了。

直到疼痛侵襲頭部，痛到大腿站也站不住，我才到醫院做了腦血管磁振照影及脊椎磁振照影等檢查，這時已經是二〇〇八年七月。

神經外科醫生看了報告發現骨髓有異常，於是轉給血液腫瘤科，抽血檢查，一週後報告顯示正常，我心裡鬆了一口氣，「還好不是癌症！」

幾個月後臉色及身體體力的狀況越來越差，貧血狀況及下肢水腫的情形又更嚴重。再到醫院抽血檢查，報告顯示——腎功能異常、尿酸非常高、攝護腺特異性抗原也相當高以及血紅素偏低。醫院建議我先輸血治療，我也以為我是腎臟出了問題，若繼續惡化下去，得有心理準備很快就面臨洗腎。

踏上癌末之路

除了劇烈疼痛，胃腸也開始不聽使喚，經常抽痛、拉肚子。大家可能很難想像，全身發疼已經夠難受，緊接著是臉腫、手腫、腳腫，身上沒有一處不是水腫，全身從頭到腳二十四小時癢。看到自己身體起了這樣大的變化，雖然我還有強大的毅力支撐，但心裡真的很難過

二〇〇九年四月十日，當腫瘤科主任問診時，我告訴主任懷疑自己不是先前醫師們認定的腎臟病，而猜測問題是在骨髓。那時候的我每天都頭重腳輕，暈眩無力。

果不其然，一抽骨髓，病理檢驗分析後主任當場判定我罹患「多發性骨髓瘤」。也告知這種癌症有兩種治療方式，一種是化學治療，另一種要做骨髓

移植，但要做骨髓移植需要到教學醫院。看了檢查結果，發現我的骨頭已有高達百分之八十以上部位病變，全身都被癌細胞占領了，確定是癌症末期，當場就叫我申請重大傷病卡。我自己還挺冷靜的，但是在旁的東東已經一臉驚愕，淚濕衣襟，久久不能言語。

當我辦理住院報到時，一個總醫師問我是什麼病因？當我回答：多發性骨髓瘤。他告訴我，「台灣有 301 案例，但幾乎都沒有存活下來。」我聽了這句話，頓時像是一陣雷在耳邊轟隆響起，打擊非常大！

該來的躲不掉，開始治療時，我發現自己真實的心態：「一點都不恐懼得到這麼可怕的疾病！」但心裡當然還有放不下的事。因為家裡小孩都長大自立了，不需要我擔心，第一個罣礙的就是礦工兒子教育基金會，深怕我病況危急了，募款與發放獎助學金的工作會停擺。

鐵打的意志力

自己沒有親身體驗過，還真的不知道化療會那麼不舒服。第一次做完，手出現破皮現象；第二次，嘴巴喉嚨潰瘍；第三次，從生殖器到腳底都潰爛。到了這個時候，身體已經不是自己的了。在醫院當病人，還是要聽醫生指示，整組療程就像「套裝軟體」，一個SOP流程照順序跑，能受得了一次次化療重擊，活下來就是運氣！但因為免疫系統被破壞，化療也會傷到好細胞，當正常的身體組織不能運作，抵抗力沒有了，當然就可能一命嗚呼。增加抵抗力和意志力，是癌症病人最需要的。如果能保持行動的體力、走動的能力，就不至於癱瘓，最後躺在床上起不來。

勉強自己下床行走的過程，最難就是要把念頭從疼痛上移轉，盡量不要想到、感受到身體上正在發作的痛楚，一邊念阿彌陀佛，把念頭轉到佛號上。每天只要是清醒的時候我都這樣做，我覺得我已經很幸運了！因為還有意志力在痛苦時忍耐持續走動，就連睡覺也是在病床上打坐。對我來說，沒有恐懼死亡，沒有死亡的壓力，心自然就安定。雖然身體對治療過程仍有很激烈的反應，醫院提供的餐食都吃不下，一端到嘴邊就想吐；但我勉強自己慢慢咬，「如果不吞下去，沒有營養，抵抗力就會越來越弱。雖然食之無味，還是要想辦法吃掉。」其實，這時候的我，喉嚨已經因為化療而潰爛，但仍然要求自己先吃軟的食物。牙齒雖然酸痛到幾乎沒辦法咬，可是我從三十下數到五十下，再怎麼樣都得進食、補充營養。

這麼強韌的意志力不是一下子憑空而來，都是從小到大，在不斷的奮鬥過程中，督促自己得到的。即便走到癌末，我都不能停擺！這不也是人生的另一個境界嗎？發病就是考驗我的意志力，看我能不能更真誠、坦然地跟病魔或癌菩薩相處，讓我每一天都沒有恨，甚至忘記疼痛，在轉移注意力的修煉裡，心存感恩。不論何時，我都跟癌菩薩溝通，無形中一直和祂們對話。

面對死亡，意志清醒

躺進醫院就是一場生死存亡的搏鬥

住進醫院我不斷懺悔，每天誦經，在心裡說：「吃飯我是為祢吃。」一直跟祂對話溝通，轉移心境。我想讓癌症病友知道，面對癌症，最需要的不是恐懼，不是置它於死地。你越恨它，越是埋怨，越想消滅癌細胞，它會跑給你追，就像父母打小孩，你去追小孩，想痛揍他一頓，反而跌得鼻青臉腫。

在這時，我才深刻感受到，生病和工作不一樣！生病時，每天面對都是一個挑戰，在生死存亡之間，一不謹慎，就會走向死亡的道路。

在這裡，我想提醒照護重病患者的朋友，重病的人總是非常恐懼死亡，擔心自己隨時會離開人世，家屬親友要積極鼓勵，陪他轉變心念，「就算有一天真的離開，也要放下走得很安樂！」

如果照護者和重病患者一樣意志力薄弱，怎可能面對任何挑戰？人最大的敵人就是自己，貴人也是自己！

大多數罹患重大疾病的人已經六神無主，沒有任何想法。

我希望每個人都能了解——貴人是自己。自己要定下心來，想想問題究竟在哪裡？很少病人會把自己當貴人，很少病人知道自己是最大的敵人！

如果醫生告訴你，十萬個得這種病的人沒有一個治好，難道你要等死嗎？

醫生每天面對這麼多人，如果自己完全沒有定見，怎可能看得很清楚、想得很清楚？假如自己很清楚要怎麼走這條路，要怎麼接受治療，活路就會在你眼前跑出來。

當然，你也可以天天難過，天天等死，在身心折磨裡食不下嚥，結果就是日漸消瘦，病情加重，康復的希望當然越來越渺茫，這就叫做沒有正面積極的想法！

活著離開醫院

人在面臨生死交關，越是能看出這個人的修為。

我記得，一九八四年時，「死亡」曾經在我面前顯現——當時我搭飛機飛往紐約，一坐下就向空服員要張毯子開始打坐誦經。二十小時的飛航，很多人都腰瘆背痛，動來動去，整個人像被綁在椅子上一樣度日如年，而我的二十小時就像過一分鐘那麼輕鬆自在。快飛抵紐約時，遇上大亂流，頓時所有行李都從行李艙掉下來，雖然空服員趕快安撫大家，但三百多位乘客都哭喊成一團，只有我不為所動，口持失傳八百多年的觀音大士箴言，耳邊迴盪著恐懼死亡的慘叫聲。一直到飛機安然降落時，我仍繼續打坐誦經。到了機場，同班飛機的乘客都問我為何在椅子上搖來搖去，沒有像大家一樣驚慌？

我說我睡著了，連在這種關卡我都能置死生於度外，現在還有機會跟癌菩薩溝通，我相信一定可以活著走出醫院。

很多人因為重病住院後，腦子裡總想到可能走不出去了，這皆是人之常情。每天我身邊都在上演——半夜十一點多，隔壁床有人哭了，過兩、三天又傳來抽泣的聲音，這表示又有人離開人世了。「下一個會不會是我？」很多病人看到隔壁床蓋上白布推走，一定都會浮現這樣的想法。

當你想像下一個吐出最後一口氣的人是自己，會不會恐懼？會不會不甘不願？我想告訴大家，培養自己的勇氣和意志力，就是跟癌菩薩溝通的步驟，一步一步踏進去，堅持到最後一刻。

感恩——回到山上老家，與癌細胞對話

有沒有體驗過，每個細胞、每個意念都是充滿感恩的快樂？當你一覺醒來，感謝自己還能擁有新的一天，接著感恩所有你能經驗的事，那麼，糾纏你的疾病，一定會被你的改變感動，迅速退散！

一場病讓我深深悟到——「人要過自己生活」。所謂「過自己生活」，就是盡量簡單不要太複雜，生活越簡單，自己能作主的程度就越高！

為了徹底放下壓力、工作，遠離台北，我搬回基隆山上老家，跟媽媽同住。這段時間我依然持續跟癌菩薩溝通。

在鄉下，我都是自然醒，不用靠鬧鐘，四、五點睡飽就起來，一張眼就感恩還能醒過來！日復一日，我這個歷經化療慢慢痊癒的癌末病人獨自步

行山林道路上，隨身帶一支小樹枝，一路揮動趕走蟲或蜘蛛網。光是能站起來，還能爬坡，就滿懷感恩！有時腳真的走不動了，但因為不趕時間，還是繼續慢慢走。眼睛所見都是綠意，鼻子所聞都是芬多精，比起多年來在都市吸的汽油味，這種日子實在太舒服了！

過去我總是忙到天亮也無所謂，不管凌晨幾點睡，六點一定強迫自己要爬起來上班工作，身心再怎麼匱乏都一樣，完全沒意識這樣的生活很糟糕。

現在的我，用感恩的心過日子，以前的我，讓所有器官都陪我熬夜工作，實在是非常不厚道，非常殘忍。爬山時，邊走邊說：「對不起祢！請祢原諒我！懇請給我一個機會，希望祢慢慢恢復健康，謝謝祢、感恩祢，讓我有能力面對未來。」每唸一聲阿彌陀佛，就懺悔從前不善待舍身器官的行為，如果過去能珍惜父母給我們的身體，就不會生病；就這樣每天始終如一，懺悔的心時時浮現。

這段山居歲月持續一年，當時我有個念頭，就算要離開人世也不要在台北，雖然我不敢讓媽媽知道我罹患癌症，但最起碼在人生最後階段陪著媽媽。在鄉下，物質生活和都市沒得比，空氣、綠意、寧靜卻是有錢也買不到的。活到六十歲，重新回到生長的家鄉，才悟到「得失在一念之間」。只要能看淡財富，人生就不一樣！從前我沒有福報過這種日子，忙著賺錢忙著事業，大病一場才發現呼吸清新的空氣多珍貴。

我自己的體悟是，生病必然有長久、根本性的原因，不是單一細胞出問題，而是整個功能互相連結地失去協調性。

在我的身上，看見中醫的優點是減輕化療所產生的副作用；透過服藥、推拿、針灸等各種緩和的醫療方式，增加病患的求生慾望，減低侵入性治療產生的傷害，讓人們有力量更堅強去面對病後的每一天，這是我個人對中醫療法最大的感受。

雖然生這場重病對我來說是很大的魔考，但也像母親坐月子一樣，讓我的免疫系統有重新啟動的機會。人需順天運行的道理，就算「走」也是命中註定，要活下來就是要找出方法目標去努力！這是我認為重大疾病患者最需要的心靈寄託與轉化。

努力與熬過難關的定義每個人不一樣，當然有時是自我安慰。

但，當你認為自己還有更大的目標和使命，例如想到自己錢很多，小孩很小還不想這麼早死，找到各種自我安慰的理由，甚而找到很堅強的理由讓老天爺同意，讓你在有限的歲月繼續活下去，讓你存亡危急時找到生存的目標。

我自己還剩一口氣時，所有的念頭以及支撐我最大的勇氣，就是要讓全國育幼院院童拿到基金會第八年獎學金。這樣的發願不是為了我自己，而是真心為了很多人許下的宏願，這種不為己的心志，在危急時產生了無與倫比的毅力，就這樣讓我活過來了！

第十三屆點燃愛與希望全國育幼院童獎學金頒獎大會

2018 年育幼院童夏令營三天兩夜，帶孩子淨山活動

徹底放下，用心生活

我看過很多癌症病人，躺著坐著都在胡思亂想，只要意志力消散就會得到四個字：「加速死亡」。

二十年前，我有位同學在國稅局當科長時罹患大腸癌，急遽地從七十公斤瘦到三十公斤，在治療期間整個人活在痛苦之中。我跟他說要好好念佛，但他說實在太痛苦了，實在一個字也念不出來。他告訴我：「我不想死，因為差一年就可以拿到退休金。」光是講出這句話，就註定他要離開了。

從我同學的實例，也可以看出一個人面對難關的心境。

讓自己在最困難無法忍受時，如何學會放下一切，不要存在只是為己的心思。這讓我想到一個關於放下的笑話：三十年前，我在萬里靈泉寺靈修，惟覺師父開示「要萬念徹底放下」。這時，佛堂只剩下投影燈，有一位師兄聽到「放下」二字，他突然大叫：「我放下了！」本來盤坐的他，突然將兩腿放到地上，說他看到菩薩的光了！已經能做到「行住坐臥、活在當下、一念不生」。上山七天打坐可以一念不想，沒有起任何念頭，活在打坐之中，這是世間很少人能做得到。

我們時常開著車子胡思亂想，心不在焉，也常常做事時語無倫次、內心搞不清楚方向。近年「放下」二字人們常掛在嘴邊，但可能到離開人世的那天都沒有真正學會，它說來簡單，卻有多少人能放下七情六慾、生老病死與喜怒哀樂？我何嘗不是這樣走過來的，在山上接到了內人的電話，她說：「杭州南路的房子賣掉了……」我很難過又痛心，感嘆自己變成無殼之人了，但彼時的我又能如何？命都快沒了，不想了、不煩了。睡哪？住哪？不都一樣嗎？醒來是人，醒不來就成仙了。這就是放下，這就是轉念。

人生無常，又讓我想起一件至今難忘的真實事例。記得，我有一對夫妻朋友要一起去洛杉磯看兒子，夫妻倆抵達機場突然想到應該分散風險，不要搭同班飛機。他們當場猜拳，輸的就搭下一班。沒想到，先生搭上的飛機才剛起飛，就勾到怪手掉下來，太太當場隔著玻璃在大廳看到這一幕，經歷殘酷的生離死別。其實，人們有時感到無奈，好像命中有因緣存在，當我們面對恐怖死亡時，心又在哪裡呢？

奉勸所有的病友，生重病一定要徹底放下，如果註定你這一生已走到尾聲，醫生也救不了你，只有放下才能圓滿。從小因為我能和靈界的朋友溝通，對人世之事了解甚多，就時常勸很多人要放下。但不管是面對生死存亡或經濟財務困頓，許多人我苦苦勸了半天還是罣礙，即便時間過去十年八年還是記掛著。明明人活在現在，但一想到十年前沒有買到房子，現在漲了十倍，這就是無法活在當下。人有了貪念就很難放下，這就像拿在手上的燙手山芋，其實想清楚了一切都是空，怎樣都帶不走。

生了病，這不是天外飛來橫禍，或是遭受他人傷害，而是你自己身體內部出問題，無論有形無形，都是自己經年累月造的因。所以，要深自檢討。因為到今天為止，對自己做了這些事，才要面對如此果報；從今以後，不管是生活作息、飲食習慣，甚至講話用語，都要處處謹慎。話還沒出口先思考，先經過你的心，想想這話會不會傷到別人，講出來每句話都是心裡仔細惦量過的話。

做人一定要注意到說話的藝術，才能減少惡緣。因為禍從口出，完全在一念之間，一旦傷到對方，就是覆水難收了。要讓自己身心健康，行為、言語跟著調整，就能種下善根好緣。其實，善惡的念頭只有一線之隔，完全在行為上表達出來，不經意傷害別人的事，只要做了，後悔也來不及，真正是傷己傷人。

我從小到現在吃喝嫖賭都不會，因為「酒肉穿腸肚」，所以滴酒不沾，不希望因為杯中物傷害身體或誤事。至於嫖，更是完全謝絕！以前我在台北市議會擔任助理時，經常要涉足酒家。一到了裡面，燈光昏暗，每人腿上都坐一個小姐。旁邊某位議員問我是性冷感還是性無能，我說，每個小姐在我面前都是白髮蒼蒼滿臉皺紋，剩下兩顆門牙晃呀晃，因為我從小體質特異，也是修行的過程，修「定功」的成果，一眼就看到她們五十年後的模樣，誰還有興致取樂！

綜觀人的一生，簡化到最後，只有「生活」兩個字，因為不管生不生病，人都要生活。

蔡老師的七堵老家

自己是最大的貴人

人的一生有許多劫數，所以從你有生命開始就要多積福、多佈施，這樣到了生死關頭才有籌碼跟老天爺商量。

從地府回來，我更明白這一生為何而來，而未來將走到哪裡去。我能活下來，是因為還有任務要完成，雖然活在自己作主的心非常困難，但這就是另一個果報的開始。這些聽來非常不可思議，但人生就是有貴人、有冤親債主，只要有心，無形中就有人願意幫你的忙。

還記得在骨髓移植的過程中，當我快斷氣時，東東去找一些有修行的風水師父，他們都認為我家祖墳有問題。她趕緊通知我在國外工作的兒子回來，挖開父親墓穴後，發現他的骨灰甕半截不見了，樹根鑽進去，內部還積滿了水，三十年樹根鑽進骨灰甕，長到父親頭骨都是樹根。二〇〇八年我妹妹也因癌症過世。雖然這是風水玄學，但我們寧可信其有；以常理推斷，一個人的骨頭泡在水裡，肯定是不合常情，即使不相信風水，也應該像父母還在世一樣，為他們重新整理居所。我一直認為人很脆弱微小，所以天地間的磁場脈動都會有很大影響，很多東西即便看不到，卻也不得不相信。

有的人天生有神通，但必須要一清二楚，老天爺是給他智慧幫助別人，要努力發揮這得來不易的特殊潛能，就能感受到人的智慧有無限大，絕不能用在貪財邪道。

十幾前年我在一家醫院演講，當天有一、兩百人來聽，演講中我就提到自殺的事。隔天，一位小姐打電話給我，她說：「我先生養小老婆，我有三個小孩又負債累累，本來今天要自殺了。但因為聽了你演講，我一夜沒有闔眼，決定再苦也熬下去。」其實人的壽命有定數，如果不該離世，老天爺會讓你找到生存下去的理由。

人經過挫折越挫越勇，我自己從演講的錄音帶、出書，到成立基金會，因緣際會就具足了三佈施。這也說明天生我材必有用，因緣到了，所有的努力就會水到渠成。人如果能悟到這點就會不停地勇往直前，努力去做對的事情，如果走回頭路，產生不當的念頭，事情結果也會完全改觀。

第九章

養生要點

被稱為醫學之父的希波克拉底說：「你的食物就是你的醫藥；不適當的食物引起疾病，恰當的食物可以治病。」

他明確地告訴了我們食物的力量，食物是拯救我們的天使，也是破壞健康的魔鬼，而讓它擔當什麼角色，完全取決於我們自己。

我多次強調飲食的重要性，全因為自身深受其苦。當長年的毒素累積身上，日積月累排不出來，年紀大，免疫系統變弱，代謝變慢，細胞就容易病變。

一定要靠食物療法產生好習慣，什麼都可以吃，就是千萬不要吃垃圾食物。把色身調養好，就能和有問題的細胞對抗，讓它慢慢萎縮凋零。

素食的好處

飲食是一門大學問，在調養身體的過程中，我鼓勵大家改吃素食，許多朋友會擔心素食的營養不夠，無法支撐治療期間的體力損耗，在理論上，素食其實是可以獲得比肉食更優質的營養。

我從小就吃素食，早年素食不普及，再加上工作忙碌總是隨隨便便解決一餐，甚至一天只吃一餐，三餐不定時，這種吃素方法，肯定是會吃出癌症來。真心懺悔的我學乖了，即使粗茶淡飯也要定時好好吃二、三餐。

我還記得在醫院做治療時，醫院提供的餐食完全吃不下，一端到嘴邊就想吐，我還是會勉強自己慢慢咬，因為我知道如果不吃東西沒有營養，會沒有體力，要如何去抗癌。這時候的我，喉嚨因為化療而潰爛，牙齒酸痛到幾乎沒辦法咬，我還是強迫自己一定要進食補充營養，當我離開醫院時，我放下工作，專心養病，對於飲食也有一套見解。

首先要打破人們的一個成見：肉類比素食蛋白質高。其實許多素食品的蛋白質比肉類含量高：比如，各種堅果、瓜籽中的蛋白質達三〇%，穀物約含一〇%，豆類中的蛋白質含量更高，近四〇%，是肉類的兩倍，豆皮的蛋白質更高達五〇%，且大豆中的蛋白是完全蛋白，更容易為人體所吸收。

而豌豆、小麥、燕麥所含的鐵是牛肉的兩倍，幾乎每樣植物中的鐵質都比肉類高；肉類的鈣質也不如素食多，最重要的還是要選擇正確的素食。

食物越簡單越好，不需要過多的調味，選擇當季新鮮食材為主。

通常我的早餐：一份（三種）水果＋一個饅頭夾素火腿（或素包）＋一杯高蛋白奶粉飲品＋一把堅果。

（在早餐前我會先吃益生菌、一把藍綠藻、維他命C，早餐後維他命B群及D3。）

中午在基金會簡單用素便當，菜色包含豆類及各種顏色的蔬菜＋一小碗胚芽米飯。

晚餐就清淡的素食蛋白質及多樣蔬菜，只要七到八分飽，盡量在晚上七點之前吃完，晚餐如果吃得太晚，食物沒充分消化，腸胃還在全力工作無法休息，就可能影響睡眠。現在的情況，如果早餐吃得晚，約早上十點吃，吃得豐盛，午餐晚餐就約在下午三到四點吃，

常有來諮詢的病人說：蔡老師，醫師說吃素營養會不夠，我還是改不了吃肉食……。

也跟所有好朋友分享，有時候我們不必太執著，吃飯是一件很開心的事，只要抱著感恩的態度，什麼東西到我的碗裡，我一定會把它全部都吃完，不會浪費。不管我在吃什麼食物，我都會懷抱感恩的心。謝謝為我準備這些食物的人、廚師、農夫等等，謝謝他們的辛苦，讓我可以飽足。

隨遇而安，時時懷抱感恩的心就可以了，能改吃素很好，不能吃素也沒關係，多菜少肉也好，只要站在健康的立場，多增加蔬果的比例，慢慢去做調整。

好油

什麼是好油？為什麼要吃好油？吃對油才是關鍵。

所謂人如其食，一個人的健康狀況，往往能反映出他的飲食習慣。

我在生病時也才開始注意到油品選擇，仔細留意油品的相關知識。一般人為了健康為了減肥都會減少油的攝取，甚至連一滴油都不敢吃；相反的也有一些人因為外食機率增加，餐餐吃進過多的或者是不適合的油脂，反而吃出健康的問題來！

我們身體需要攝取適當的油脂來代謝壞油，也能提升代謝的能力。

油脂分成飽和脂肪酸及不飽和脂肪酸（包括多元不飽和脂肪酸，如Omega-3、Omega-6；單元不飽和脂肪酸，如Omega-9）。

不飽和脂肪酸具健康價值，對身體有益；其中多元不飽和脂肪酸亞麻油酸（Omega-6）與次亞麻油酸（Omega-3）為人體必需脂肪酸，必須透過食物中攝取。

你知道嗎？當我們身體裡的Omega-3、6、9比例失衡，正是導致體內慢性發炎、濕疹、皮膚搔癢、氣喘、免疫機能失調的主要原因之一，更增加了心血管、糖尿病和癌症的機率。

Omega-3富含ALA，能轉換成EPA和DHA，有助於活化腦細胞，改善神經衰退；如亞麻仁籽油、紫蘇籽油。

Omega-6在平時飲食很容易攝取到，多數植物油都含有大量的Omega-6，如果人體內含量過高，容易造成身體發炎；如大豆沙拉油、葡萄籽油、葵花油、玉米油、芝麻油。

Omega-9則可以幫助體內抗發炎。如苦茶油、橄欖油。

一般人因為外食居多，Omega-6存在於幾乎所有的植物油當中，再加上現在人烹調幾乎都是用植物油，造成現代人的Omega-3與Omega-6攝取比例往往高於一：一五，因此近五十年來心血管疾病的發生率也日趨高升。

我本來就有使用苦茶油的習慣，只是要找到品質好的苦茶油，的確花了一些時間，三年前認識栽種茶樹的南投師父，這位師父不接受供養，堅持自種茶樹自製茶油及茶葉來與大眾結善緣，師父曾經罹患癌症，靠著山區栽樹栽種安全有機蔬菜，自給自足，幾年過去了，師父的氣色越來越好，師父雖然年近七十歲了，還是親自從南投開車送茶油到台北從不嫌累，只因為貨運公司曾在運送過程中摔破茶油，他說每一瓶茶油都是遵循古法冷壓初榨手工製作，要珍惜大自然所賜予每株穀物的精萃，寧願親自送貨，希望自己的好商品能安全送達消費者手上，我被師父的堅持深深感動，更加肯定師父用心做的產品。

最常出現在我的餐桌上有苦茶油拌麵線，苦茶油拌高麗菜……吃到好油也能吃到蔬菜的原味，認識了紫蘇籽油，有了更便利攝取 Omega-3 的好方法，這是普遍認定可以取代魚油的保健產品，跟魚油比較，紫蘇籽油所含的 DHA 及 EPA 抗氧化效果良好，紫蘇籽油的清香又彌補了魚油有魚腥味的缺點，不僅素食者可以用，也可以避免服用魚油有重金屬的顧慮。

經由冷壓初榨的亞麻仁油也是好油，可完保留住人體所需的脂肪酸Omega-3。而Omega-3可提供身體轉化為ERA與DHA，有「天然植物魚油」的好名稱喔！如果選擇紫蘇籽油或亞麻仁油可不要拿來炒菜，它不耐高溫，不適合下油鍋做料理。油鍋高溫炒菜就要選擇苦茶油，所以油品不要一瓶到底，也要依其特性做使用才能發揮最好的效果。

如果想要獲得健康，就必須遠離壞油，多吃好油。除了選對「好油」，其實烹調的方式也是需要注意的。常常有些人家中只準備了一種油品煎、煮、炒、炸全部包辦，不同的油品有不同的發煙點。所以廚房裡，可以多準備幾種油。

最正確方式是，當要做中低溫烹調時，要選擇橄欖油、芝麻油，例如青菜可以盡量生吃或用燙的，再用些許的紫蘇油，橄欖油或堅果醬加以調味，就是一道能兼顧到身體健康又美味的料理。若真要炒菜，可買椰子油、棕櫚油、苦茶油來炒菜。煮菜的方法盡量以食材的性質或屬性去配合，盡量少用油炸、油煎也可以，聰明的使用烤箱來取代炸及煎。

隨著健康概念的提升，跟大家分享「水炒法」、「水油炒法」。水炒法簡單的步驟是，於鍋中加入少量約一〇c.c.水，水滾後加入洗淨的青菜，以一般炒菜的方式拌炒，起鍋前再加上少許油和鹽調味。或是也可以於水滾後，加入少量的油（五～一〇c.c.），一樣以一般的方式拌炒，起鍋前調味即可。

這樣子反而可以保留油脂和食物的營養。別忘了，不是食物才有營養，食用油也是有營養的。

「吃油並不可怕」，要多吃好油，可怕的是「吃錯油」！選擇對的油、好的油，並依油的性質，使用正確的烹調方式，是非常重要，一定要記住，「吃錯油」跟「不吃油」，皆會讓身體健康扣分！

好水

我們喝的究竟是什麼樣的水？你知道嗎？

你覺得不隨意吃加工食品，我們身體就不會有毒素嗎？我們現在的環境，可能已經不是你我可以想像的了。

每天我們都需要喝好幾公升的水，如果滋潤細胞的水質經過調整，分子變得很細小，對身體健康幫助就很大。

我已經習慣把水帶在身上，這是健康時很少建立的飲水法則，這也是生病後才發現喝好水的重要。

大家想想看，一部冷氣三、五年濾網不拿下來洗，一定髒到不行。

我們人也應該像洗濾網一樣，定時排毒。

十多年前的化療在我的雙腿留下印記，兩隻小腿布滿了坑坑洞洞的紅斑點，腿麻無力經常發生，為了排毒，去針灸、去按摩、去熱敷，我知道身體的毒素必須透過好的新陳代謝去排除，其中最重要的還是日常生活中的水。

二年前在募款的過程中，喝到很特別的水，我要說很特別是因為我居然可以一杯接著一杯咕嚕咕嚕喝下肚，我是一個不愛喝水的人，平時東東執行長會盯著我要多喝水，可是我就是會忘記把水杯拿起來，也不想把水喝到肚子裡。那天，就是這麼奇怪，居然不斷的喝水，就連身邊的東東執行長也訝異的睜大眼睛看著我奇怪的行徑。我知道喝水排毒很重要，從生病到現在，我前後換了三台水機，也用過各式各樣標榜有特殊功能的飲用水，新加坡進口、日本進口、還有專業博士研發的黃金水機，這些水都沒讓我有「想喝水」的感覺，長期喝下來好像也沒有特別的感覺，於是就在當天下午基金會安裝了這台水機，也讓所有基金會的同事們能喝到好水。而我也開始養成多喝水的習慣了。

認識了水機公司的馮董事長，進一步了解這台水機的製水流程，原來馮董的太太在十二年期罹患卵巢癌，治療期間，也多方使用過朋友推薦的保健商品，結果腫瘤從七公分變成十二公分，徹底讓馮董重新思考「什麼才是正確治療」。當最愛的另一半身體出問題，自己才猛然發現生命中不能沒有她，左思右想，生命的三大要素「陽光，空氣，水」，於是就從水質著手改善，開發適合人體飲用的活水機。一路走來的艱苦都比不上太太認真喝水的過程中看到身體的改變，腫瘤縮小了，體力變好了，整個人變得更年輕了。水質改變體質，您相信麼？

我看到馮董太太總是容光煥發，精神奕奕，應該沒有人會相信她曾經是對治療束手無策的癌症患者。有人問，這種飲用水特別的地方在哪？其實就是乾淨的水，安全的飲用水，含微量元素小分子身體容易吸收的水，水分對於一個人的重要，是生活不可或缺的！

營養得要透過水分當載體，才能順利進入細胞；除此之外，要清除體內的毒素、廢物，也都要透過水分的運送，才能夠有完整的代謝循環。

這麼好的水也在馮董事長的發心支持下，於二〇一九年十月為全省二十二家育幼院所免費安裝淨水器，將來維護及濾心更換終生免費提供，就是要讓孩子們都能飲用純淨好水！擁有更安全的飲用水環境，未來必能強健體魄地勇敢地挑戰人生。

大家都知道人體七五％的重量全部都是由水構成。養生專家也發現人八〇％的病痛，特別是一些疑難雜症跟我們平時飲用含有害物質的水或飲料有關。

好水的六大特性

第一：不含氯及有害物質。

第二：含豐富礦物質及離子化，純水或蒸餾水，長期飲用則達不到健康飲水標準。

第三：負電位－二〇〇～四〇〇 mv 以下。

第四：弱鹼性 PH 值八．五～九．五。

第五：水分子集團細小，易通過細胞膜被人體吸收。

第六：含豐富活性氫，能有效消除體內自由基。

水的角色就像人體的「清道夫」一般，透過循環將體內的老廢物質排掉。身體的衰老、健康衰退都是從細胞到器官漸漸累積毒素開始，最後就會表現在「外貌」。

因此，若水喝的不夠，身體的代謝就會受阻，廢物毒素長期累積在體內，就會導致便祕、痰濕、慢性病、精神不濟、頭昏腦脹的情況。外貌衰老的危機也逐漸展現！

所以喝水是最基本、最簡單的排毒方式，別再小看「水」對於人體的重要性了！

有些人的觀點認為，只有口乾舌燥人體才需要補水分，真實情況是到了口渴時才喝水時已晚，因為身體釋放的信號說明我們人體已經缺水，再補充水分被人體吸收循環等於是乾旱草原下了場雨，不利於持續性，因此我們應該科學飲水，健康飲水。

一定要記住！飲料、茶、咖啡，取代不了最天然的「水」！喝好水是血管二十四小時運動。

運動

趁著生一場病，把過去沒有養成的習慣一一建立好。能放下與癌症纏鬥的心念，放寬心胸看看各地景色，再回來看世界的心境肯定不同了！

很多人都認為癌症病人身體虛弱，抵抗力差，應該盡量避免活動，多多休息。

其實，若只是躺在家裡不動，可能會讓情況變得更糟糕，化療會把有活性的細胞都殺死，體內許多其他活性細胞也跟著受損，導致代謝速率急速下降。

我記得醫院接受治療時為了不被藥物的副作用打敗，我堅持咬緊牙根轉移注意力，勉強自己下床行走，像知名的威士忌品牌廣告詞「Keep Walking」繼續走動；如果那一天在病房待的時間久一點，就要求自己走水池十幾、二十圈。

盡量不要想到、感受到身體上正在發作的痛楚，一邊念阿彌陀佛，把念頭轉到佛號上。

奉勸大家，一定要讓運動成為日常生活的一部分，在山上調養的期間，每天，天還沒亮我就起床爬山。我長期的習慣是日走萬步，我在手機下載計步器，早晨起床後到附近的國小繞著操場走路運動，下班有空時也這麼做，每天走萬步是我對自己最基本的要求，平時去拜訪企業，我也儘量走路步行，儘可能多活動，

要活就要動，尤其是癌症病人在治療期間住院臥床、活動減少，很容易導致像是心肺功能降低、關節攣縮、骨質疏鬆、肌肉萎縮等身體失調的情況，其中以四肢的肌力與心肺功能的退化最明顯，病患躺床一週不動，每天肌肉就萎縮三%。尤其年紀大的病患，體力本來就比較弱，等到治療期間結

束後，常已無力走路，需人攙扶，而且一走路就喘。

想要阻止抗癌期間體力下降，就得靠運動來維持體能，依照自己的體力去做運動。你可以早起練氣功、騎腳踏車、拉筋、練瑜珈，也可以跟我一樣走路做運動，我還記得有一位病友生病後認真學習練氣功，我告訴他，如果要活下去，就得找出能讓自己更健康的方法。他把運動變成習慣，八年來持續練功，不但讓自己的身體趨於穩定，也在認真學習的過程中讓自己的氣功更上一層樓。

請記住，我們的目標是保持盡可能的活動。要注意安全並保持樂趣，長期運動對你的治療一定是事半功倍。

心法

一個人如果能夠從心上去用功，不管面對困難挫折生病，都能坦然面對，歡喜承受，這就是我始終沒有對癌症恐懼害怕的祕密武器。

人，只要念念珍惜眼前的人事物，就不會胡思亂想、就不會有妄念。我們真正要做到的是，活在當下，把心安住，就算是病痛也能和平共處。

人生不如意事，十常八九，生病了，更不應當活在痛苦裡，念頭不要總是想著身體有多痛、想著行動不能自主、想著還剩多少日子，負面的念頭產生負面的情緒，日子很快就會過不下去，生命很寶貴，自己要能作主活出意義與價值。

癌細胞祂是身體的一分子，祂不是感染，也不是意外來的，是我們長期生活作息不正常、飲食無度所形成的環境，讓祂們有機會常住下來。不論罹癌第幾期，我們都要把癌細胞當成癌菩薩，祈求祂能原諒你，請祂給你機會、給你時間，向自己的身體懺悔，付出行動改變習氣、改變生活作息，不再糟蹋自己的身體。

第十章

人癌共生共存

癌症是身體環境所致，治癌首重身心環境的改變。

不管罹癌第幾期，都要把癌細胞當成癌菩薩，求祂原諒你，讓祂再給你機會，再給你一些時間，去懺悔、去彌補。必須確實付出行動，不再繼續糟蹋身體，用心調整自己，和癌菩薩和平共處，它就不會找你麻煩。若祂願意給你多一個月、多一年時間，都要當作是撿到的。

自己必須要面對改變，真心共處一天都是天上掉下來的禮物。

絕對要體悟，光是好好「生活」，就可以產生讓你生命力延續下去最大的力量。

面對問題，面對病痛——
生病是老天給你喘息的機會

改變念頭，生命力也會改變。當我在病房治療時，痛得沒辦法站，沒辦法坐，越想它痛，就會越痛，絕對不會變好。面對病魔末期，人越脆弱越禁不起疼痛打擊，只有一個念頭轉移注意力，轉移疼痛，

我一直在想，有一天當我大限到來，一定是腿一盤，眼睛一閉，口中誦念阿彌陀佛，坐著走掉。因為有這樣堅定的意念，果然，我沒有在醫院走掉。

走過大半輩子，有人面對問題軟弱無能，事業失敗垮了就以為是世界末日，我認為人平時遇到任何事情，就要以鍛鍊心志的心態面對挫折困難，才能越挫越勇。

我認識一對夫妻年紀都近七十歲，一輩子沒用過健保，他們吃得很簡單，過很素樸的生活；而我們則過著非人的生活，凌晨不睡覺，吃合成、加工食品，吃到細胞全部敗壞，身體到頭來跟你要債。像我吃了二十幾年素食，吃了很多不天然的再製食品，長期下來，這些食物若沒辦法正常消化，就在我身體裡產生問題。

當然，最大病因還是生活習慣。我四十年來每天只睡三、四小時，直到生病後才深切懺悔，才了解十一點以後肝胃膽要休息，我卻還在工作，所以讓器官超乎負荷；就像二十四小時運轉的汽車引擎，最後引擎一定會燒掉。

「身體髮膚受之父母不可毀傷，孝之始也。」這是大多數人都了解的道理，不過大家可能沒仔細感受，身體任何一個部分都有它必然存在的功效。

人會生病不是沒有原因，從生活習慣、飲食到心態，各種因因果果牽連在一起，但自己卻不自覺。就像很多人脾氣不好，念頭一來就生氣，抱持凶狠的心境，是很傷身體的！每天打開報紙，經常看到夫妻吵架新聞，吵到動手動腳，兩個人都青筋暴露，一副快中風的樣子，無形種下惡根惡因，這不是活得不耐煩嗎？

心隨萬境轉，我們對外在環境都很容易動搖，我們的內心，遇到好的環境很高興，遇到壞的環境很討厭、很煩惱，脾氣很大，壓力很大，這就是對境界無法處理，疾病便油然而生。所以當我們心境能有好的轉換，可以隨緣、可以隨喜，也可以隨順，就是隨順因緣；可以降伏環境，而不被環境所降伏，這就是有能力轉境，心隨境轉，境由心生，要讓自己有更多的正向思考。

將癌細胞變為愛細胞——笑的免疫學

一位著名的國內癌症專家曾經說過，在他經手的上千名癌症病例中，發現現代醫學所進行的癌症治療，造成大部分病人不是死於癌症，而是死於下列三種原因：即餓死的、毒死的、嚇死的。

最重要的治療模式，絕對不是企圖以對抗、殲滅、移除的方式，這麼做看似解決了問題，可是看不到（癌細胞）不代表就沒了？當癌細胞像雜草般春風吹又生，又從很小很小的種子成長、茁壯，甚至轉移、蔓延、擴散時，該怎麼辦？

癌細胞就是自己的孩子，為什麼長大會變壞？不是孩子的問題，是因為環境惡化所致！罹癌之後，病人必須了解是自己的各種惡習、種種不好的因緣、不好的訊息把身體的環境惡化，才使正常細胞轉變成癌細胞。

要懺悔自己，痛下決心，改過自新，重新做人，努力做好身心靈之修煉。孩子會變壞去組織幫派，也能變好——只要了解原因、去除變壞的原因。讓身體免疫力提升，環境改變，可以感化他，讓他變好，癌細胞自然會逆轉回來！絕對不是開刀統統殺掉就算了的，如果自身因緣條件都不變的話，以後別的好孩子也有可能又變壞，那到底要殺到什麼程度呢？

笑的免疫學

俗話說：「笑門福來。」

最近，醫學研究已證明「笑」對人類健康產生各種影響，而事實上，越來越多的醫療設施已把「笑」當成一種手段，用來治療或預防疾病。

「笑」所具備的健康效果中，最值得稱道的是什麼？

簡單地說，是「笑」能迅速有效地幫助人類提高免疫力。不要懷疑，提升免疫力的第一個方法，就是「笑」。

也許你會覺得這個說法很可笑，然而，世界上多項實驗都已經證明，「笑」的確能活化ＮＫ細胞等免疫細胞。

人類的免疫系統裡有一種自然殺手細胞，也叫做「ＮＫ細胞」，這種被歸類為淋巴球的細胞大約共有五十億個，據研究顯示，當人體的「ＮＫ細胞」全力發揮作用時，人類就不容易罹患癌症或染上其他傳染病。

他們讓實驗對象觀賞長達三小時的搞笑劇，然後透過血液檢查，調查觀賞前後實驗對象的ＮＫ細胞活性有何變化。

結果發現這十八位年齡二十到六十歲的實驗對象中，十四位的ＮＫ細胞活性都有明顯的升高。使用癌症藥劑，要花上好幾天才能得到相同的效果，「大笑」比藥物更能立即見效，而且「笑」既不花錢，也沒有任何副作用！

當人體內的免疫機能發揮作用時，「笑」能將喜悅與興奮傳向大腦，並產生一種叫做「神經肽」的神經傳導物質，這種物質經由血液、淋巴液流向全身，並以對癌細胞或病毒展開攻擊。

相反的，據說人體處於精神壓力或強烈悲傷的籠罩下，ＮＫ細胞的作用減低，免疫力也隨之下降。所以說，人類的感情對健康所產生的影響完全出乎人類的想像。

「笑」不僅能幫助人體加強免疫力，還能帶來其他各種健康效果，譬如說，促進血液循環、改善記憶力，使大腦更加靈活等。

此外，「笑」還能讓人體吸進大量氧氣，強化新陳代謝，調整自律神經，並使大腦分泌腦內荷爾蒙恩多芬。這是一種具有數倍嗎啡止痛效果的化學物質，是治療癌症時極為有效的止痛劑，開始利用這種療效的醫師也有增多的趨勢。

現代生活中的緊張和壓力讓我們付出很大身心健康的代價。解除壓力的方法很多，「笑」是其中最簡易最經濟的手段。

笑對身體健康好處多多。你有多久沒笑了呢？不防對著鏡子練習看看。

十二種癌症候選人

罹癌是老天爺給的禮物，轉念是重要課題，讓我們有機會發現了真正的自己，珍惜活著的每一天，而且學習到一些重要的人生課題。

人都是活在自己「觀念」的世界中，情緒、心念，有決定性，強大不可思議力量，不良習慣讓你成為「癌症候選人」。

第一、老是愛喝滾燙水的人，熱水一灌下去，從嘴巴受傷、食道受傷，尤其是食道，受傷以後很容易得食道癌，滾燙的水到腸胃去對腸胃黏膜都是傷害。

第二、蔬菜水果吃的少的人，有的人一輩子對蔬菜水果都沒興趣，一輩子喜歡吃肉，從小就開始吃肉到老，這種人會得到癌症，怎麼說呢？體內都是肉食的毒素，沒有蔬果，所以沒有調和，體內都是酸性。人如果是鹼性的體質就不容易得癌症。可是你把身體弄成酸性之後，註定會成為癌症的候選人。所以蔬菜水果要多吃，肉少吃，肉是酸性，魚肉也是酸性食物，要記得，酸性體質是容易致癌的。

第三、老是憋尿、憋大便的人，該尿的時候不尿，該大便不大便，憋著，憋久後肛門就出問題，憋久之後腸胃就出問題。為什麼很多人得癌症，直腸癌、大腸癌，憋尿憋大便久了以後就變癌症，這種憋尿憋大便的人也是癌症的候選人。

第四、晚上不睡覺熬夜的人，半夜兩三點、到天亮都沒睡，長期當夜貓子，這樣子他的肝膽腸胃都沒有休息，時間久了以後他的肝膽腸胃全部出問題，這樣的人就變成癌症候選人。所以早起早睡這句話很重要，但都會區的人都是晚睡晚起，這是錯誤的。我們不要成為癌症候選人。

第五、坐著都不想動的人，當你一直坐在那裡，肛門、腸子都出問題，因為你不動他就不能蠕動，久了以後這些器官都受傷，坐著不動，你想想看除非你是植物人，中風不能動，否則再怎麼樣都要讓我們的腳和身體動起來。所以坐著不動的人，不想動的人，一坐就五小時，看電視、電腦就五小時、三小時，這種人很快就得大腸癌，很快就得胃癌，很快就得癌症，這種人也是癌症的候選人。

第六、整天充滿怨念、憂鬱、恐懼的人，整天抱怨連連，傷心難過、恐懼，有的人像神經病一樣，擔心這個、擔心那個，恐懼、恐慌，對自己沒有信心。這樣的人因為他心情不好，他的細胞都是死的，細胞都沒有活性，久了以後正常細胞就變成癌細胞，好細胞都死光光，這種人遲早變成癌症的候選人。

第七、飲食不忌口的人，飲食很重要，我們盡量吃鹼性食物，酸性食物不要吃，炸的、辣的、醃的、鹹的、甜的盡量不要吃，有殼的東西，蚌殼、螃蟹、蝦子不要吃。我們要記得，紅肉絕對不能吃，牛肉、羊肉，這是癌細胞最喜歡的東西。冷的東西不要吃，水果從冰箱拿出來，要回溫，飲食不忌口就變成癌症候選人，亂吃，吃到最後變成大腸癌、胃癌，甚至這樣的人層出不窮，因為貪吃，容易變癌症候選人。

第八、喜歡抽菸、喝酒、吃檳榔的人，這種人會變成超高機率癌症候選人。菸抽久了變鼻咽癌、肺癌、肺腺癌，酒喝多了變胃癌、大腸癌，檳榔吃多了之後變口腔癌。你想想看，這個叫不良習慣，不好的習慣養成壞習慣，不良習慣變成癌症候選人。

第九、脾氣很大的人，變成癌症候選人，其實常會發脾氣的人就是不會善待自己，對很多事不採用寬恕的態度，對自己的孩子、對自己的先生、對自己的家庭、對自己的公婆、對自己的事、對自己的生活。管人是地獄，你眼睛張開，看的都是別人，動輒發脾氣、發飆、拍桌子、破口大罵，夫妻吵架罵小孩，和人對罵，脾氣越大越容易致癌，看得到的都講別人不應該怎樣，很少看看自己。天天都在脾氣不好的狀態。但別忘了，脾氣不好就是生病，脾氣發起來之後，我們好的細胞死光光，我們的腫瘤細胞變癌細胞，你越發脾氣，你的好細胞死的越多，你的癌細胞變越多。而且準備要開始生大病了。所以脾氣一定要好好的學習，要學會常常去看別人的優點，去原諒別人，別人講的一些話我們也不要在意，好好的對自己慈悲一些，這就是善待自己。不要變成癌症的候選人。

第十、壓力很大的人，也是癌症候選人，工作壓力、家庭壓力，自己給自己壓力，不論男女，壓力來時，將我們好的細胞都壓死光了，把我們的腫瘤細胞變成癌細胞，壓力絕對致癌，會變成癌症候選人。

第十一、家族裡面有基因遺傳的，前幾天有一位師兄師姐來找蔡老師，他的阿嬤得癌症死掉，他的媽媽得癌症死掉，他姐姐得癌症死掉，他外公也得癌症死掉，他自己現在也得癌症，所以這就是家族的基因遺傳，必須要很小心，飲食、生活習慣要很小心，否則會變成癌症候選人，是很可怕的。

第十二、不相信因果的人，壞事拚命做，你叫他不要做、不要吃，他聽不進去，因為不相信因果。所以你看來找蔡老師的，醫生也得癌症，出家人也得癌症，護士也得癌症，為什麼？因為他不相信因果，很多癌症是因果病，是業障病。兒童病房的孩子，出生十天癌症末期，一歲癌症末期，二歲癌症末期，整個兒童病房裡面多少小朋友，從投胎就帶來的重病，因為六道輪迴業障果報，生生不息，所以善有善報，惡有惡報，三毒的業報召感來的業報其實很可怕，都是苦果。

這十二種有幾種是你？

你自己選吧，如果真的是屬於這些人，你就要好好斷惡修善，要改過向善，重新做人。我們不要讓不良的習慣成為癌症的候選人。我們要好好的善待自己。

第十一章

癌症心法

面對癌症的心法

面對癌症有四個步驟，面對、接受、處理、放下。

面對癌症、接受癌症，處理癌症、放下癌症，自信心堅定時，恐懼就沒有了，所以要與癌共生共存，每多活一天都是撿到的，都要很感恩。

我每天眼睛張開一定講，感謝癌菩薩讓我蔡合城多活一天，

生老病死都是苦，生也苦，老了也苦，生病了也苦，死了更苦，所以信心十足，病也就好起來。把清淨平等心保持，放下起心動念，癌細胞也是我們身上的細胞病變，慢慢的將癌幹細胞轉為癌細胞，再將癌細胞再轉為腫瘤細胞。

所以我們真正的功夫要在心，不在境。我們的這念心，不是外面的境

界，境是假的，不是真的，制心一處，無事不辦。我們的心能夠轉境，境隨心轉，境界隨我們的心來轉，不要心被境轉，心被癌症轉走了，這一念清淨心非常重要。雜念妄想障礙我們的清淨心。為什麼？習氣太深，習氣難改。

佛法是一種幫助你化解煩惱的方法，一切境界都是由自己的心念所感產生的，我們要隨時隨地能夠真的心念轉，不要墮入地獄中。我們的心如果不做主，一斷氣，冤親債主就把你帶到地獄裡面去了，所以不是別人害你的，是自己，不是別人。

念頭轉時，就知道癌細胞全部是我們身上的細胞的病變，和我們相處了幾十年，還是我們身上的一部分，他生病了，你不善待他，你要毒死他，你要殺他，置他於死地，他怎麼可能活著讓你殺？因為他是有生命的，跑給你追，所以一直擴散轉移復發不停，到最後整個身體毀了。

陳校長退休了，正規劃與太太的退休生活，沒想到因為長期咳嗽加上體重突然減輕，醫院的斷層掃描發現在肺部主動脈附近有一顆近三公分的腫瘤，在鄰近器官肝、胸部淋巴、腎上腺等處都發現有癌細胞，醫師安排化療

＋標靶，讓陳校長體力吃不消，口腔黏膜破沒食慾，體重又掉了不少，治療做了大半年，腫瘤更大了咳嗽更厲害，我問他標靶要做多久？醫師說：做到不能做為止～校長太害怕了，害怕「癌」細胞，害怕到忘記用他的智慧抗癌，如果治療一直讓身體的狀況變差，那治療的意義在哪裡？身體是需要修復的，你沒有給修復的環境，沒有給修復的時間，沒有給修復的營養，又如何指望身體會好起來？

百分之九十的癌症不是死於癌症，都是死於併發症，腎衰竭、心臟衰竭、敗血走掉，因為你的積極治療把你身體所有的癌細胞、及好的器官傷到遍體鱗傷，最後我們的五臟六腑失去功能，也失去了寶貴的生命，多麼可惜阿。

信念非常重要，病由心生，當我們的念頭轉變，病就會好一半了。佛法可以治百病，心最重要，我們的心沒有恐懼時，就學會和他共生共存。所以無住生心，應無所住而生其心，心不要住在癌症境界裡面，哪有癌症存在？

這念心，信心堅定，不論是面對生病或是面對種種的挑戰來說，是相當重要的。

無住生心的心法

境由心轉，病由心生，相由心生，健康亦由心生。

百法說心法是「一切最勝故」，亦即在一切有為法中，以心法最為殊勝！何以呢？因為佛法告訴我們：一切眾生造善、作惡是這個心，六道輪迴也是這個心，乃至成佛做主更是這個心！

人的煩惱從哪裡來？都是我們的念頭。

煩惱孩子、煩惱生病，煩惱自己得到癌症，心一整天一半以上都住在癌症裡，覺得自己沒命了，很痛苦，這裡痛、那裡痛。

人為什麼會痛？心在痛，你骨頭也好、頭也好、手腳也好都在痛，肚子也痛，都是我們的心住在痛的境界裡面才會痛。

所以人的感覺是什麼？就是心的這個念頭，這個痛覺是痛苦的，是不好的，感覺是不舒服的，所以「無住生心」說起來很簡單，但要做得到很困難。

要做到「無住生心」、「應無所住，而生其心」，心不要住在癌症的境界裡，就沒有癌症存在。如果你能對癌症完全了解，病從哪裡生，病從心生，把根本上的念頭改過來，病就會好起來

周師兄跟蔡老師的爸爸同輩也曾當過短暫的同學，在那個辛苦的年代，能當個幾天學生都是奢望，算算年紀應該也有九十歲了吧！見到他容光煥發，氣色紅潤，行動敏捷不輸年輕人，神奇的是臉上全身沒有一顆老人斑，皮膚就像嬰兒般細緻，陰雨濕冷的天氣，大家穿著長袖外套還能感受涼風威力，而周師兄穿著短袖短褲卻一點也不以為意，仍舊精神奕奕的侃侃而談。師兄在三十多年前曾被醫院診斷出肺癌，回到自己居住多年的陋室，深信阿彌陀佛的心，一心一意稱念阿彌陀佛的名號及「嗡嘛呢叭咪吽」六字真言咒，沒有治療沒有追蹤安然過了三十年。師兄鼓勵所有癌友們不要害怕癌症，菩提道上，解脫生死，是你自己的事情，自己的心即是佛。大家都想知

到心要如何做主？你要問自己：「我的心中，對阿彌陀佛名號的救度，有懷疑嗎？有什麼念頭會使我懷疑阿彌陀佛名號對我的救度？」問問自己，如果你還有懷疑阿彌陀佛名號救度的疑心，那麼你對阿彌陀佛的信受，就還未做到「深信不疑」的地步。所以一心一意稱念阿彌陀佛的名號，對阿彌陀佛的本願要做到深心。要知道煩惱是多餘的，妄想是欺騙自己的，世界哪有分別心，只有同理心，用一心才是正確的。

周師兄不識字，他說靈性就像氣泡一樣，想太遠就會找不到，「法」是無底深坑學也學不完，人在世間無一物，一無所得，來去都是兩手空空。他曾經為了悟法找答案在水邊打水漂多年，看到蜻蜓點水激起一圈圈的漣漪，才有了開悟。心清淨，打坐就能入定，上了天界，來去自如，阿彌陀佛就是良知，良知良心就是佛，做任何事都要問自己的良知。人生做人不容易，生老病死苦，人間的一切都是借來的，走的時候沒有一樣東西可以帶走，不需要為自己所失去的一切而煩惱，要「放下萬緣」，將一切妄想、分別與執著放下。須知，世間所有一切的「善惡、美醜、得失、榮辱與成敗」，皆是「空花水月，虛妄不實」，只不過是人生旅途上的一些點綴而已，不值得眷戀。人死不要悲傷都是因緣，哭泣是假的，眼淚是浪費的，好好用心念佛才是真的。念佛不在於我們每天能念多少聲佛號。重要的是，念佛專注，才能隨時保持我們的這一念心在正定之中清淨無染。

金剛經提到，「一切有為法，如夢幻泡影，如露亦如電，應作如是觀」。剎那不住。唯有好好地修行，才能斷惡修善，把握當下，利益眾生，才能真正的了脫生死、離苦得樂，在周師兄身上及住處看不到物質的慾望，到處漏水的鐵皮屋，沒有冰箱及家電，簡單的床及被，一個人清淨自在，不會被刮風大雨的處境所影響，兩、三天沒吃飯也不覺得餓，沒有念頭，無所住而生其心，自己的心就是佛，人要吃苦才能成佛，定性就是佛，自己做的事自己承擔，要能明心見性，無住生心。祝福周師兄一心稱念佛號南無阿彌陀佛，從一而終，從平生到臨終、從凡夫到聖人、從娑婆到極樂、從因地到果地，一路走下去，永遠不停步，隨遇而安，守分安命，順時聽天，永遠不放棄念佛的修行。

佈施的心法

有很多朋友生病了，來問我們為什麼他會生這個病？其實他平常也不做不好的事。

其實嚴格說，不做不好的事是應該的，我們有沒有常常起更多的善念？這才是值得我們深思的。

我們時常講：人有命運，命裡有時終須有，命裡無時莫強求。

如果你覺得自己付出很多，得到的太少，你便會很苦、很不平。如果你覺得自己虧欠這個世界太多太多，那你一定是一個懂得感恩，懂得施捨的人，你將活的充實而愉快。

仔細想想，我們有沒有捨得佈施？

這輩子出生到現在有去做善事嗎？有把我們的錢或是勞力佈施，去幫助別人嗎？

阿嬤，是我在正聲電台的忠實聽眾，已經八十六歲了，知道我們在萬芳醫院演講，特別跑來聽演講，每天坐公車去當義工，這一生還沒用過健保卡，阿嬤有三個兒子，卻堅持要獨自一人生活，自己照顧自己，阿嬤在生活中遇事轉念，飲食清淡，清心寡欲，還持續佈施行善。人若能行善念，能夠行住坐臥都在定中，往生就能在定中。不起惡念，不起邪念，不起任何念頭，不起任何貪念，心則定，心定時明白我們要

東東與蔡合城主持正聲廣播電台

做到財佈施得財富。法佈施得到聰明智慧，無畏佈施得到健康長壽。佈施越多，得到越多，越多又越佈施，所以不要存在戶頭裡面，多一個零，沒有任何意義，因為死了帶不走。

曾經某一個公司，公司裡的員工得了癌症，老闆讓他在家休養半年，薪水照付，讓員工身體穩定些再來上班，一切住院的費用全由公司負擔。對所有員工都是如此，所以老闆在生意上無往不利，真正是個好榜樣。公司的同仁做事戰戰兢兢，幫公司創造輝煌的業績。士農工商皆有，皆是菩薩商人。

知識是我們從課本得到的，我們的智慧是修行來的，所以我們要知識，更加要智慧，人若沒有智慧，煩惱就多，做事就不會順利。智慧才有辦法解決我們所有的煩惱及困擾。

在台大兒童病房發書的時候，有一位師姐跟我要了一本書，我說師姐妳得癌症嗎？她說沒有，老師你這本「癌末癌細胞不見了」，很有用，我要送給一個朋友得癌症，這位師姐講個故事給蔡老師聽，她說她女兒十六年前在台大因為血癌末期，醫生說她半年就死了，叫她趕快化療，她唯一的一個獨生女這樣就死了嗎？她非常難過，就跪下來磕頭，磕的頭破血流。老天爺啊，你讓我女兒活過來，過這個關卡，我這一生終身在台大兒童病房當志工，做到死為止。她說：蔡老師，我女兒已經三十二歲了，我已經做阿嬤了，我一個星期七天在台大兒童病房當志工，做到我這一生結束為止。這位師姐發大願，幫她女兒消大業障，你教醫生怎麼證明？醫生說她女兒半年就死了，怎麼可能活了十六年？癌細胞都不見了，還結婚生子，這證明一件事，發大願，消大業障，這位師姐現在每天都在台大兒童病房當志工。

九十歲的陳綢阿嬤，在三十八歲時罹患大腸癌，因為受到寺廟師父幫助，在山上靜養身體漸漸康復，從此就以寺廟為家，發願做善事來報答神明的庇佑。多年來阿嬤把廟裡的善款、做粿義賣所得，拿來照顧家庭資源不足的小孩，提供他們課輔、學才藝，宮裡慢慢累積數千萬的現金，阿嬤要用這筆錢來成立基金會，結果所有董事都反對，阿嬤說不然來擲爻，求神問神，神若准許我們就來成立基金會。結果竟然擲出三十六個聖杯，真是不簡單，正心善念感動天。

阿嬤順利成立了基金會，罹癌五十多年，大小手術化療二百多次，胃早沒了只能吃絞成汁的飯菜，卻協助興建南投家扶少年家園、收中輟生，十二到十八歲，並長期開辦兒童課輔班。九十幾歲的人了還在利他，在做善事，所以我常說，人癌共生共存之外，還要行善，要做善事好事。

阿嬤把這輩子所賺的錢不留給她兒子，她奉獻做公益，自己帶頭做，家產賣光了，連最後一輛貨車也不得不頂讓時，兒子用不捨的眼神求她，她直白的告訴兒子：「媽媽為了公眾不能不賣車籌錢，『好腳好手給你』就要靠自己努力。」兒子也真的獨立打拚，更難得的是兒媳也沒怨言，現在還成了自己在良顯堂的大幫手，阿嬤的大悲大願，老天爺，以及她信的神都保佑她，九十歲全身都是癌細胞也不會死，還再持續做善事。

如果你能身體力行佈施，生命一定也會跟著有所改變！

命運可以改，多起一分善念，就能在善上加分，多起一分惡念，就會在惡上加分。人要佈施、要行善，我們在一生中時常修福修慧，斷惡修善，財佈施得財富，法佈施得到聰明智慧，無畏佈施得到健康長壽。

自性心的心法

所謂的「自性」，也是自信，你對任何事情沒有恐懼，才會有自信心。找到本心本性，我們才有辦法真正產生信心，而信心就是一股最大的力量。人生數十載，由於被恩怨情仇、是非得失、美醜好壞、千奇百態等外在因素所牽扯，所以我們的快樂、幸福情緒起伏不定、難以安穩，造成這一切的源頭則是我們那顆千變萬化的心，一顆缺乏知足的心、冷靜的心。

有一位從屏東來索書的癌症朋友，他也才五十歲，是腎臟癌第二期，他要來索書的同時，他寫了一封信給蔡老師，他說：

「蔡大哥菩薩，日前拜讀您的大作《蔡合城癌末癌細胞不見了》，由衷敬佩您的毅力與勇氣，還有慈悲喜捨，您堅定的對抗病魔，一次又一次的選擇面對他，不逃避他。在您身心病痛煎熬時還心繫弱勢的孩子們，或許這是你的毅力、你的勇氣，你慈悲喜捨的心感動老天，在您面臨大難時得到老天爺的憐憫，讓你繼續活下來照顧許多關懷的人。你也不吝嗇和人分享你的醫療過程，鼓勵如何用正面的人生觀來面對癌症，讓相同的患者有正面的能量，您真是功德無量，人間菩薩。

我本來是一家科技廠上班，只因為想多賺一點錢，選擇小夜班，是下午四點到晚上十二點，一星期最少加班四次，四個小時，由於早餐、午餐一起吃，隨便吃，晚餐買速食來吃，宵夜吃泡麵、鹽酥雞、火鍋，三餐不正常，一直要趕報告，為了當課長，常常早餐一杯咖啡就打發了，假日就睡一整天，三餐一次吃完，所以半夜有時還要接緊急的電話。我就是這樣一直糟蹋身體，一直到二〇〇八年十二月，我的身體在抗議了。

後來從附近的小醫院一直到大醫院，去檢查，到了屏東基督教醫院腫瘤科檢查，血紅素只有四，要吃鐵劑，再抽血，因為之前也一直感冒，結果確定了，醫生說我的左腎有一顆腫瘤，約九公分，這個腫瘤不太妙，要趕緊做切除手術。一聽到腎臟有腫瘤要切除，那時腦袋一片空白。後來經過弟弟的朋友介紹到枋寮醫院，後來又到高雄長庚醫院確診，結果是腎臟癌第二期。但是因為我右邊的腎功能也不好，所以是慢性腎臟病第四級，我就在想我癌症已經確定，右邊的腎又已經快洗腎，為什麼癌症我能坦然面對他，但洗腎卻無法面對。我真的很害怕洗腎。所以在我切除左腎時還沒有那麼恐懼，就是因為左腎是癌症，但只要想到洗腎，不如一死百了。我現在正徬徨無助的寫好遺囑，但知道惡念對病情無益，還是無法轉念。

父母親生下一個完整的身軀給我，我卻把他糟蹋了，現在回想還真的很可憐，深刻體會健康才是真實的財富，誰也帶不走。」

癌症病患心境的轉折非常重要，你若沒信心，要挑戰的關卡很難過關，尤其像癌症不論在身上哪個地方出問題都一樣。

天下本無事，庸人自擾之。事，從你的妄念找的，沒有妄念哪來的事？不起心不動念就是修行，起個念頭叫業，無論是善業、惡業就是阿賴耶種子。動念，內（根）有煩惱（貪、嗔、痴、慢、疑），外（塵）有緣（色、香、味、觸、法），根跟塵相應就造業了。不要小看起心動念，將來遇到緣可真有麻煩了。六根六識（眼、耳、鼻、舌、身、意）六塵（色、聲、香、味、觸、法）通通裝阿彌陀佛，二、三年時間他的心就清淨了，七、八年時間他的心就平等了，十幾、二十年時間他就不起心、不動念、就開悟了、就見性了。

放下的心法

當我生病活過來以後真的看破放下。

放下欲望享樂，放下事業財產，放下尊嚴名聲，放下學識見解，放下理想抱負，放下利害得失，放下是非人我，放下憂慮牽掛。才能睜開眼睛面對真實的人生。過去已經過去了，未來只能預期，必須適時放下，坦然面對此時此刻，才能擁有自在快活的人生。

當我們的心不受外界的誘惑影響，我們的心如如不動，保持行住坐臥都在定中，我們心能夠定，心就不起念頭，人就快樂，身體就健康。

才四十歲出頭便擔任國立大學副教授，一個瘦弱的女生從小以優異的成績，在美國研讀十年，回台在競爭激烈的台大朝著教授的光環努力著，因為沉重的壓力，在右胸發現腫瘤，曾使用自然療法一度緩和病情，持續的工作壓力下，腫瘤又變大了，在基金會五個小時的「話療」希望她可以先放下工作，也帶著她上山打坐。原預計一個暑假的時間可以好好調身調息，但因是人的「習氣」讓她只做了兩晚的山上功課，便放棄返回工作岡位，真是可惜。如果連自己基本的身體健康都無法重視維繫，再多的收入跟頭銜又有什麼意義呢？

四十五歲正值壯年的家醫科醫師，因為胃痛檢查確診為胰臟癌，歷經八次化療＋電療，腹水、黃疸、生病期間仍然持續看診，忙跟累讓身體無法好好休息，無法放下工作，沒有好轉的機會，不到三個月時間便離開人世了。

佛度有緣人，不是每個人都能夠聽得進忠言，忠言都是逆耳。

生病的人真的要放下，放下我們的執著，放下我們的分別，你是不是能珍惜這個緣，把這話聽得進去。這是重要的門檻也是一項挑戰，「有捨才有得」，身體出狀況如果還無法體會，怎會有「好轉」的機會？

看破的心法

我們不向外攀緣，不只求自己的利益，我們的名聞利養就能放下一些些，人人除了要承受生老病死之外，其實人皆可離苦得樂，生老病死是跑不掉，我們一輩子都在苦中作樂，苦是自己做來的，我們自己造成的。當你有所求，求不到時，或是你的心有喜歡的事，卻往往無法長時間擁有，煩惱無明、痛苦就來了。所以十法界是苦海，但六道最苦，我們輪輪迴迴都在六道中，因為生老病死、喜怒哀樂、七情六慾都在這裡困擾。

道證法師三十一歲得卵巢癌末期，自己是醫生，醫院主任說還有半年時間，趕快化療開刀。他說不用了，回去落髮出家，沒有開刀、沒有化療，放下塵俗一切熙熙攘攘，入山潛修持信願堅固，求生西方。背誦淨土五經，恭繪五幅彌陀慈父聖容，以慰娑婆遊子不勝思慕之心；刺血恭書念佛圓通章及行願品；錄著「清蓮飄香」、「畫佛因緣」等錄音帶及書籍；並恭寫許多念佛法語跟大家結清淨法緣，用報四重深恩，廣引迷津，皆是法師宿生願力、悲心之所致，多活了十八年。

路斯特科技公司王總經理被診斷出罹患骨癌末期，只剩兩個月可活，面對醫生宣布癌末消息，接受三次化療後，他決定徹底改變生活與飲食習慣，從一個美食主義者變成茹素者；從一忙起來常兩天不睡的工作狂，變成生活規律且每天準時休息、虔誦《藥師經》的佛教徒。他認為，菩薩給他使命成為義工，所以他分享抗癌經驗，鼓勵癌友保持信心。「有心就有時間」，即使事業忙碌，開會、出國行程滿檔，王明永仍努力抽出時間做義工，二十年過去了，他用感恩心情與癌細胞相處，沒想到身心靈都變健康了

十一年前亞都飯店總裁嚴長壽得知罹患腎臟癌，他想的不是「為何是我？」而是「自己生命過得很豐富」，若還有多餘時間，要多做一點。也寫好遺囑，第一是要一雙子女相信，他離開這世界沒有一點遺憾；第二是「不要

任何公祭儀式、不要瞻仰遺容、不要做任何儀式、也不要任何標記，燒為灰燼，獻給樹木與泥土。」他認為，「所有人的感情，都是互相在一起的那個片刻留存的，不在於死後辦理多大多隆重的告別式。手術過後入住了台東，在當地租了一棟房子投入「公益平台」。嚴總裁並推動花東之美希望能長期關懷這個地方。只要在台東的日子，他每天早上都會騎著心愛的小摺，從租屋處來回十一公里去看海。換一個眼光看自己，換一個眼光看台灣。嚴長壽說：「為了打造這個平台，我其實等了多年，累積了這麼多的經驗和人脈，我覺得我很感恩，我遇到了一次一生難逢、人間少有的獨特機會。」

百分之九十的癌症病患不是死於癌症，是死於併發症，腎衰竭、心臟衰竭、敗血走掉，所以佛度有緣人，要讓一個人有信心，得了癌症要不要治療？需不需要吃藥？。

先調整至誠心，你的心能夠有定，有智慧，自然而然業障就會消了，因為信心很重要，藥只有三成的力量，你自己的信心有七成的力量。

感恩、轉念、利他

什麼是你的？愛人是你的嗎？不是。

雖然風雨同舟、快樂同享、身體交融、感情交匯，總有一天你要分生，同生有可能、但共死決不會，白頭到老只是美好的願望。

子女是你的嗎？不是！

雖然有著濃濃的血緣關係，有著難分難捨的骨肉親情，那也只能有團聚，孝道看望，互相關懷……享天倫之樂。

即便是到另一個世界，他們也只是為你送行，卻沒能將你又重新接回人間的能力。

金錢是你的嗎？不是！

雖然拚命賺錢，但又想方設法把它花出去，即便是銀行有再多的存款，那也是生不帶來死不帶去的東西。

房子和車是你的嗎？不是！

雖然住得溫馨、舒服，但當你離開的一天，就什麼都不是了。

那麼究竟什麼才是你的呢？

你的身體。

只有它才是始終不離不棄地陪伴你的生命，走完人生的全部過程。只有它才能拚命地呵護、保護你的生命，直接耗盡它全部的能量為止。

如果你的身體狀況越好，陪伴你所走的路程就越遠。

沒有了身體，你的生命也就終止了，因此你要把這唯一屬於你的東西「身體」看做無價之寶，敬愛它，滿足它的一切需求。

身體健康，生活才會有品質。身體健康，生命就會延長。

沒有了健康的身體，就沒有了生命，有了生命就擁有了一切，沒有了生命一切就都不是你的了。

所以我們只要活著一天，就是福氣，就該珍惜。

瘦弱面黃的黃師兄，一月開始身體不舒服到醫院診斷便是末期胰臟癌了，十年前與前妻離異，跟兒子衝突不斷，未曾好好溝通，不料孩子遭遇感情波折竟然選擇跳樓離世，這件事讓黃師兄內疚不已，借酒消愁長達十年，因此種下病因。人生中挫折難免，該如何面對？用什麼方法改變？才是最重要的。

藉酒逃避、懊惱於事無補，除了傷害自己的身體，也傷了所有關心自己的家人，如果當初自己能轉念將自身經驗，去輔導其他需要幫忙的孩子們，輔導家長們分享親子溝通的重要性，將遺憾轉變為幫助別人的動力，也許就不會走到今天這一步了。現任的妻子溫柔陪伴在身邊，對於先生的痛苦滿心不捨，我們鼓勵她帶著先生走路活絡身體，每天走到基金會打卡，不要讓他躺在床上與虛弱為伴。基金會的打卡工作持續了一星期，所有同事總會為他走到基金會報以熱烈掌聲，雖然他仍離開了最愛的家人，太太為他捐款佈施，希望能為他來不及的改變可以幫助其他有需要的人。

從事保險業務工作的陳師姐，近二十年的忙碌工作，讓身體在九十六年被診斷出左側乳癌，經過手術切除、化療、持續五年口服藥物後，原本以為長達六年的治療總該脫離病魔了，沒想到癌指數又開始蠢蠢欲動，斷層掃描發現骨盆腔有黑點。

應該是復發又轉移了吧！醫師一貫習以為常的口吻說：先試試申請標靶藥吧！努力那麼多年還是沒逃過難纏的癌魔，看到周邊的朋友轉移復發後，在他們身上的治療狀況只有「悲慘」二個字。復發後的藥物副作用更多更劇烈，更難熬過治療期。心理想著不想再走這樣的路了。

因為機緣來到基金會，我問她一句話「你婆婆對你好嗎？」讓她一股腦宣洩所有的情緒，我知道她身體出狀況絕對不是勞累所致……

她說從嫁入夫家第一天起一直都是婆婆的眼中釘，先生是獨子，因為不忍先生當夾心餅，凡事都是盡量隱忍，她知道即使做的再好，還是得不到婆婆的歡心，幸好從保險工作找到自信與成就感，最起碼不再時時被婆婆口中叨念覬覦家中的財產。上班是開心的，而總是要回到烏雲密布的家，總會擔心有沒有事情惹得婆婆不開心，平時不互動是正常的，當乳癌開始長達五年的治療，婆婆一直都是袖手旁觀。還記得曾經請婆婆看在這十多年都是她一肩扛起照顧公公接送看診不遺餘力的情份上，能友善對待她，結果婆婆說：你這樣做還不是看在財產的份上，讓她徹底心死了，年底又發現復發轉移，總覺得婆婆一定很想讓她消失在他們的生活中。

我勸她「欲知前世因，今生受者是，欲知來世果，今生做者是」、「心若有執起了三毒，世世輪迴、孽緣不止」。慢慢的陳師姐好像懂了。

她決定不想再「試」標靶藥了，要放下工作，更親近佛法、吃素、調整心境，增加植物萃取菁華，現在六個月過去了，氣色體力都很好，也持續努力過自己想要的人生。

人生最大的悲哀，是讓煩惱填充整個生命。

人生最大的無知，是捨棄生命解決自己製造的麻煩。

沒有任何東西比得上健康，保護好自己的身體，珍惜你現在擁有的。

感恩轉念

有人選擇不斷回憶過去的痛苦而無法自拔，但有人卻能轉念，從寬恕中走出陰霾，從挫折中看到新生的契機。換言之，真正囚禁我們的，不是外在的監牢，而是我們心中過不去的種種煩惱及回憶。

心為一切根本，有行不得，必先反求諸己。當我們的心念轉好了，萬事萬物就好了。所有問題起自於自己的內心，解鈴還須繫鈴人，必須從自己的內心自行轉念，方能解脫。

真正傷害我們的，不是他人的言行，而是那份不願放下的我執。決定生命的好壞，選擇權不在外境，不在他人，端在自己的念頭；能夠控制轉化自己的心念，我們的心便得到解脫自在。

既然老、病、死是人生自然法則，不要擔心未來；要打開心門，走入人群付出，把握時間「做」就對了。平常就要訓練身體的細胞開懷地笑，恭敬每個人、時時祝福每個人；做到打從內心歡喜，讓細胞時時健康快樂。

聞法入心，增長慧命；天天心寬念純，輕安自在，這樣的人生才是真正有福。

利他

利他是真正的利己，利己是真正的害自己。古人說「吃虧是福，上當是智慧」，你相信嗎？有智慧的人願意上當。沒有智慧的人上了當、埋怨、起怨恨心，怨恨心起來之後到哪裡去？到地獄去了。所以他歡喜心總是生不起來，這要智慧。人有智慧永遠歡喜，吃虧歡喜，上當也歡喜，為什麼？後福無窮，後面的福報太大了。

眼前貪一點小便宜，自己的福報很容易享盡，享盡之後沒有了，因為你所得來的都不是正常方式，都是用不善的手段得來的。你沒有福，不善的手段也得不到，你做小偷、做強盜，你沒有福報，還沒有搶到，已經被警察抓去了，你沒有福報。所以有一句話說得好，叫量大福大，量小就福小。福報沒有人能跟佛比，為什麼？佛的心量大，心包太虛，量周沙界，所以佛的福報無有窮盡。

當下心法

小燕跟父母一起來基金會，活潑可愛的八歲小女生，罹患血癌，做了好幾次化療效果不好，醫師建議做自體幹細胞移植有八成的機率，我建議小燕年近九歲務必要更加謹慎小心；擔心果然成真，小燕是屬於失敗的那兩成，移植兩週後，癌細胞復發更大的破壞力跑到全身，只好住院持續施打藥物，癌細胞擴散到眼睛，醫院建議採用歐洲新藥六十萬藥物打完後，小燕眼睛便看不見了。

我們到山上靜修寺幫小燕誦經迴向，每每只要師父幫她誦經後都能讓她的身體狀況好一點，小燕眼睛看不見後轉回普通病房，也不做其他治療了。回到台南老家休息，把弟弟安頓好，跟家人相聚後因為身體不舒服爸媽急忙帶她北上回台大醫院一劑嗎啡，小燕再也沒醒過來了。

小燕媽媽很年輕才三十多歲，因為父親早逝，面對死亡一直以來非常恐懼，尤其看到心愛的女兒受盡折磨離世，常常想是不是做了太過的醫療，跟小燕短短不到十年的相處，總是滿滿不捨，以淚洗面，看到小燕努力對抗疾病，還能在住院期間去關心其他病友，似乎這孩子是來教導母親如何面對死亡，讓母親變得更勇敢，也開始使用佛法來修行。

每一個人與生俱來都有一些責任與任務，健康的人如此，病患亦復如此，即所謂生而如此，死亦復如此；富者如此，貧者亦如此。用生命最後的時刻，選擇珍惜及努力，用愛減低對親友的傷害，而人生最後的不捨，往往都是留給活著而最摯愛的人。

如果人總是悼念過去，就會被內疚和後悔牢牢套在想改變的舊現實中無法解脫。

如果人總是擔心將來，人的擔心就會把人不想發生的情況吸引進現實中來。

只專注於調整好當下的思想、語言和行為，命運會在不知不覺中向好處發展。

那些活在當下的人更快樂，更有安全感，更能體會別人的喜怒哀樂，也更有自尊。

活在當下聽起來簡單，但需要你付出很多努力。

懺悔業障的心法

「往昔所造諸惡業，皆由無始貪瞋痴，從身語意之所生，一切罪根皆懺悔。」懺悔法門很重要、也很殊勝，是我們隨時要努力的功課。

由於無始無明與習氣，我們犯下不少錯誤，過去生乃至現在世所做所為，總有許多沒做對或沒做好的行為。當我們遇到挫折或不如意的境界，這是過去所為，如今苦果現前，自己應該起懺悔心，想想自己所言所行，必有許多的不圓滿，應當反省檢討、慚愧懺悔，並及時改過！如此，才能於諸逆境不起怨懟煩惱，才有機會隨緣了舊業、解冤結。

過去三世，指累劫累世以來，一次次的過去生與過去世。現生三世，指現在這一階段，今天、昨天明天三世。現下一念、前一念、後一念，也是三世。我們覺性不夠，總以為自己這輩子沒做過什麼錯事，哪裡需要慚愧懺悔？殊不知凡夫身口意三業未清淨，內心中的貪、瞋、痴、慢、疑、邪見，種種無明煩惱尚未盡除，經常在無意間或無知中造作許多罪業而不自知，如懈怠心、分別心、貢高我慢心……無一不是病，無一不需要懺悔。

王師姐自二〇〇七年罹患憂鬱症，二〇〇八年確診為乳癌二期歷經開刀及三次化療，至二〇一三年擴散全肝，二〇一四年黃疸腹水嚴重，二〇一五年胸腹肝多處腫瘤。從二〇一三年改吃素食、練氣功、針灸、筋絡按摩，讓黃疸腹水消失，所有想得到的癌症治療方式，王師姐都嘗試過了。不解的是為什麼別人有效，對她來說效果都無法持久。在基金會五個小時的會談，找到最大的癥結來自王師姐的傲氣，這是過去的工作習性，人在生病時都無法改過懺悔，無法找到自己生病的原因在哪裡？你想想看，這輩子還有多少機會可以悟到，知道我錯了，我做錯了？人無法懺悔，業障繼續再帶著走，累生累世繼續帶過來。

基金會來了一位長相圓滿的小姐來做捐款，詳聊後才想起來兩年前她曾為了七十多歲罹患多發性骨髓瘤的媽媽來基金會做諮詢，媽媽那時因為骨頭痠痛胸悶，食欲差困擾不已，除了建議媽媽補充植物萃取菁華之外，也鼓勵這位師姐可以為媽媽誦經迴向，這位從事教職的師姐當下發願以一千部地藏經迴向給媽媽，在三年多便完成了。媽媽現在狀況穩定，這位師姐的長相也變得「容光煥發」，地藏經威力不可思議，孝順及唸經迴向讓媽媽延續平穩的病情與身體狀態。

蔡師兄五年前口腔癌，開始了手術化療電療的循環治療，不斷治療，不斷復發，要忍受口腔傷口清創手術，人工貼皮屢屢失敗，已經不知道還有什麼治療可以嘗試的？在基金會從上午聊到晚上，以前的工作習慣讓他菸酒檳榔不離身，脾氣大，導致口腔細胞出病變，如果沒有徹底改變又怎麼會有機會？植物萃取精華使用近十月，體力明顯改善，脾氣也好多了，之前使用管灌餵食，現在也開始嘗試從嘴巴吃流質食物，看到他的改變也讓身旁照顧的太太寬心不少，早晚幫先生念經迴向已經變成每日必修功課了。

業障消了，福報現前。福報用盡了，業障現前，勿以小惡為之，勿以小善不為。我與大家共同勉勵。我常說，欲知前世因，今生受者是，欲知來世果，今生做者是。慚愧懺悔，並非要我們坐困於罪惡感當中，終日惶惑懊惱，無以自處；而是要我們隨時覺察、覺照、覺悟，保持這念覺性，修正自己的行為。所以，須從自心著手，時時反省檢討、慚愧懺悔，使心平靜、平和，自能消災免難。天天要問心無愧，心安理得，處處為別人著想，把我拿掉，為了他，每件事情，每個念頭，都處處為別人；就算你受盡折騰，受盡委曲，還是為了別人著想，你這麼做就對了。

清淨心的心法

李豐與淋巴癌和平共處五十年

她，台大醫學系畢業的高材生，三十歲不到被宣判罹患癌症，李豐，這位國內細胞病理權威，沒有被癌症擊倒，走過五十年漫漫抗癌心路，她沒有怨，反而感謝癌症，因此學到很多，也獲得很多難得的經驗。更重要的是體驗到，健康必須靠自己。拜佛、瑜珈、茹素、爬山……持之以恆。

如果凡事從正面思考，事事會變得非常美好；反之，凡事都從負面思考，事事都變得相當糟糕。心真的放鬆，身體的細胞才能放鬆。而心要放鬆，必須放下很多現世間的價值觀，包括名、利、情……等。

當年，醫生宣判只有六個月的生命，如今，李醫師認為自己「多賺了五十多年」。為何如此？笑、不生氣及正面看事情、人變得活得很簡單、很樸素，人就輕鬆了。

學放鬆應該是重要的法寶！我們不難發覺，不被病魔打敗，活得越久越開心及活得越自在的人，往往都是勇於自省，及堅持修正自己的生活方式的人。「改得越多，改得越徹底，好得越快。」已經成了我們的原則。

自我反省乃至身體力行，只要堅持，這些事並沒有想像的那麼困難，而且，如果繼續堅持下去，所有疾病，甚至癌症，都會自動讓步，讓健康的細胞抬頭。我們人如果有辦法為了苦難的眾生來設想，不為自己的念頭，為自己的利益來設想，我們人的心就清淨，心若清淨，我們就有辦法生智慧。

馬師姐到基金會來，這位師姐她得了乳癌，去醫院切除又化療、電療，過了兩年，又原位復發，復發後轉到骨頭，轉到淋巴，我能感覺得出她很無助，當癌症發現到復發、轉移、擴散時都已經很嚴重了。眾生真的苦，為苦難眾生著想，不是為自己著想其實很難，因為眾生的業障都很深，心都不清淨，不但沒有清淨，也沒有智慧，心浮氣躁，所以生病時不知如何面對。

修行的心法

相信念佛打坐可以改變我們的心性，改變我們的運，改變我們的命，改變我們的病，真的相信，然後真正的去做，一句阿彌陀佛，念到一心不亂。

苦修，談何容易？富貴難修。苦有好處，苦有什麼好處呢？苦能夠讓我們認真用功修行，富貴難修，所以生病好修行。或是現在碰到困難了，不論你是基督教、佛教、道教都一樣，皆可更認真的用功修行，每天讀聖經，每天唸地藏經，每天讀道德經。說真的，會增長你的定，修你的持定，增長你的智慧，所以將苦當吃補吧。

苦有苦的好處，苦能夠增強你對佛法的信心，鞏固你對佛法的願心，並產生恭敬心，讓我們能夠有清淨心，產生了智慧，並產生佛菩薩示現在世間，給我們增加很多智慧，讓我們世間和平安靜。

張師兄一〇三年初來到基金會：

血尿持續一年了，因為要工作，要準備考試，要接送小孩，每天忙得團團轉。忙碌的生活讓我無法去正視自己身體出了狀況，每天解出紅色尿液，太太決定先到榮總幫我掛號看診，果不其然，榮總醫師診斷左腎惡性腫瘤，腦袋才突然被重重敲了一記，這下糟糕了。聽到報告心中的恐慌到現在還能清楚感受到，跟從事護理工作多年的太太討論後，先到三總就診，三總在當時引進新的螺旋刀治療（沒有傷口，降低身體受損）希望可以藉此獲得治療，沒想到三總醫師告訴我：螺旋刀應用在腎腫瘤我是第一位？有確定要當烈士嗎？他建議還是用傳統開刀方式較為恰當，再到台大醫院，希望能聽到一絲契機，結果醫師的三句話，讓我決定不做西醫治療。記得台大醫師說……當醫師看到我的檢查報告，第一句說：「血尿一年了，你的癌細胞怎麼長的那樣慢……」我問醫師：「如果不治療會怎樣？」醫師第二句說：「頂多三年。」我問醫師：「三年之後呢？」醫師第三句說「反正你不要管那樣多啦！經過我開刀治療的活過十幾年的都有……」我很想問他開刀後有幾成機率可以活過十幾年？手術會有什麼副作用？？看到他的表情，我突然不想再問他任何問題了……

我的小孩還在念幼稚園，如果開刀拿掉左腎，剩下原來腎功能差的右腎，會不會變成洗腎的人生？萬一開完刀還是沒控制好腫瘤，面臨一面洗腎一面治療腫瘤的生活，想起來就讓人不寒而慄。

看到蔡合城老師在網路 youtobe 的影片分享，也慶幸有因緣來到基金會聽蔡老師的心得。老師說要「懺悔」要「感恩」。

是啊！是該好好懺悔自己長期漠視身體，為了紓解壓力成天「美食」，尤其是油炸物更是最愛，體重直線上升，生活中看不到「健康」兩個字。雖然偶會做功課聞佛法，卻從未精進；道場的師父總會勸我「改吃素」，從不造殺業做起，然後進一步可以吃早齋，或初一、十五吃素，或三個月素……我總是聽不進去。

在蔡老師的鼓勵讓我下定決心從吃素改起，放下工作，放下忙碌，早起練氣功，每每深呼吸新鮮的空氣時，心裡總是充滿感激，謝謝老天爺給我「美好的一天」。天天勤做功課誦經迴向，也抱著感恩心、慚愧心、發恭敬心、發大信心的態度參加了四次朝山盛會，希望能廣結法緣、消除業障。七年過去了，看到我的朋友都說，我身材變好了，體型精壯了，氣色也變好了。癌細胞還在不在？老實說，我也不知道？但是，我能確定的是它肯定不會「礙」著我了，鼓勵所有的病友，改變自己肯定是治療疾病中最重要的一環；不管選擇哪一種治療方式，自己必須深具信心，才有機會重新面對生命的挑戰。

修行就是斷煩惱，修行從哪裡修起？沒有別的，斷煩惱而已，煩惱無量無邊，無明煩惱（起心動念）、塵沙煩惱（分別）、見思煩惱（執著），三大類通通斷掉就成佛。在一千四百年前唐朝出了一位惠能法師，禪宗第六代祖師，他不識字，沒念過書，成為佛門的高僧大德，他一部經也沒學過，他修行在哪裡？在碓房（編註：舂米的作坊），他修行的功夫通通落實在舂米破柴（只要你放下煩惱），他放下執著，放下分別，放下起心動念，他開悟了，五祖傳法給他。

願力

就是做人的一個好的目標、願望。

發願是不帶條件的，用理智的心態去發願，用智慧去判斷，「發願」可以轉業，懺悔發願，決心持戒、修定、修慧，重業還是可以減輕。

「發願」是我們的目標，是我們的希望，發了願一定要身體力行，不能間斷，不能有退心；要抱著「信心」、「誠心」、「恆心」，總有一天會達到目的，當業報來時，要當下承擔、忍受，並且更精進用功才能慢慢轉業，也唯有如此才能得救。

修福

人的福報非常重要，有福報的人不會短命，也不會遭難，人的福祿壽是過去的努力，過去種因，現在受果，要改變命運，要靠自己現在的努力，才能改變未來的果報。

如果不知努力，這一生只能隨著因緣果報流轉；想要改變自己的命運，現在就要從惜福、修福做起。

佈施

當一個人佈施時，他那貪婪、嚴酷、敵意、自私、吝嗇、愚鈍的心，就會變得高尚、溫文、柔和、安詳、慷慨、善良和活潑。

財佈施得財富，法佈施得聰明智慧，無畏佈施得健康長壽。

一、財佈施：分外財與內財。身外之物叫外財，衣服、財產、金銀珠寶、動產、不動產、妻子兒女皆是外財。內財是我們的身體。內財佈施有三種：

㈠用我們的勞力替別人服務，這是以體力佈施。

㈡用我們的智慧替別人籌劃。

㈢若別人有需要，菩薩也能佈施。內財與外財，菩薩絕不吝惜，非常慷慨的施捨。

二、法佈施：法是方法，包括世間法與出世間法。法佈施是講教學，很熱心認真地教導人。法佈施的範圍非常廣。例如：自己不懂《地藏經》，請法師教我《地藏經》，這是法佈施。我會燒菜，你不會，我教你燒菜，也叫法佈施。凡是我們自己會的，別人想學，我們應當熱心幫助他，把他教會，不要吝嗇，果報功德不可思議。

三、無畏佈施：「畏」是恐怖，身心不安，有恐懼害怕。能夠幫助他人離開一切恐怖，使他身心安穩，這一類的佈施，叫做無畏佈施。

佈施之能成就慈悲、福德和智慧，在於其合乎因果法則而與法性真實相應。

業力因果法則的必然性，善心與善行改變人的心量和氣質，使人樂於親近，事情也能隨順因緣而自然成熟。人們總樂意和有這樣的氣質的人做良性的互動，自然就有所謂的「福氣」。可見「福氣」並不是憑偶然的機緣或好運，而是佈施的自然成果。

了生死的心法

我們活在世上時間很短，最多三萬天而已，如果用鈔票來數，一下就沒了，三萬張的一千元，數一數很快就數完了。

你知道嗎？身有生死，肉體有生死，心沒有生死，所以要把心找到。真正學佛開悟的人了脫生死，學佛之後不怕死，我們不論生什麼病都不怕死，當你不怕死時，病魔就無法致你於死地，哪有生死可言？既然學佛不怕死，所以無生死可言，也就是可以了掉生死關。

多數人並不了解，這個臭皮囊是借我們用的，它有生滅，所以身體壞了，在六道輪迴中我們再去找一個身體來換，找個有緣的父母親投胎。

王師姐聽了一個朋友的介紹，特別打電話到基金會來，請我去看看她的母親。她的母親大腸癌第四期，在醫院動了手術，接著就做了三次的化療，全身非常的瘦，體重已經剩不到四十公斤，全身非常黑，同時也移轉到卵巢，卵巢的腫瘤有八公分。我相信她在家裡的日子非常難過，很怨，為什麼這個病是發生在我身上？也看得出來照顧她的先生脾氣不是很好，看到我的時候也帶著懷疑的眼光。後來我和她談了很久，我相信我是談到她心裡頭的。我說媽媽啊妳不要罣礙，妳罣礙的日子也是一天，也是一分鐘，這樣子也是一秒，這樣其實不開心，也不自在；如果轉一個念頭，今天多賺到一天，多活一天，今天多開心，這樣的心可能結果就不一樣了。

大陸海賢老和尚是最好的榜樣，在二〇一二年，他一百一十二歲無諸痛苦、瀟灑自在、捨報歸真。他一生開墾耕地一百多畝，辛勞耕作，一面挖土一面念佛，他說念佛不妨礙，世間生活苦一點好，沒有留戀。九十二年每天念「阿彌陀佛」十四萬句，它是累積的，而我們是一面念一面丟掉了，起心動念想到的都是損人利已，這就壞了。所以了生死的心法很重要。

一個口腔癌病友，四十九歲，本來發現是一點點壞細胞在口腔，結果切除，又電療，整個擴散，整邊把牙齒拔了，骨頭也切了，裝鐵的骨頭。整個嘴巴破掉、歪掉，水都含不住，來基金會找老師是插著鼻管來的，不能喝東西，鼻管要用灌的進去，真的很可憐。傷口切了，牙齒也切了，必須用大腿的肉去補，所以還要再做整型。來的時候嘴巴完全合不攏，口水一直滴，連水都沒辦法喝。

很多人都不知道活得這麼辛苦，為什麼還要堅持下去？

我以前常說，我和這麼多餓鬼道、畜牲道這些鬼相處，他們常教我：

1.人在斷氣時，在肚臍以下熱熱紅紅的一定下地獄去。如果是在胸部、頭部以上熱熱的，一定上天堂。

2.人在陽間一定要熬過六十歲，如果沒有活過六十歲，累生累世要輪為畜牲道都很困難。

3.人在陽間一定會碰到兩個大限，四和九，幾乎都是四和九得癌症，要不就是四和九走掉，這叫人生的大限。當然有的人沒這種大限，福報很好，他的智慧很好，定力很好的人。但畢竟有定力、有福報、有明心見性的人不多，真的不多，眾生還是迷，眾生還是苦，所以苦難眾生真的都在人間，像活在地獄裡面打滾。

生為人，生老病死、喜怒哀樂、七情六欲，都是煩惱。

我得了癌症末期活過來之後，體悟人生無常，把色身也佈施了，心也佈施了，佈施給大眾，幫助有緣癌症病友，教他們從心中用功，了生死的心法非常簡單，只要能做得到斷掉惡業惡緣，能勤修戒定慧，他的病也會有機會好起來，所以病是由心生，我們要找到心在心上用功。

誦經打坐

人生與信仰有密不可分的關係，信仰往往透過宗教可以讓我們更堅定。

1.受洗的基督徒，可以藉由教友聚會、團契、讀經，在疾病中堅心倚靠神。

2.沒有任何信仰的人也必須學習與自己的身體對話，用四句話「對不起」、「請原諒我」、「謝謝你」、「我愛你」，對自己的生命負全責，用真誠心向 身體懺悔。

3.誦經步驟

⑴專誦一經一佛號：有緣接觸佛法的人們，建議選讀《普門品》、《金剛經》、《藥師經》或《地藏菩薩本願經》，或一句「阿彌陀佛」佛號。譬如：地藏法門又稱懺悔法門，是專以懺悔罪業為修行的重點，先學習懺悔以消除宿世業障，現實的生活才能夠平安、富足、順遂，往後在學佛之路才能減少冤親債主的干擾。

⑵一日幾遍：你一天讀幾遍，這個很重要，持續做一個恆課；定課是每天一定要做的，以地藏經來說一日一遍即可，誦經有不可思議功德，而功德迴向是很重要的。

通常經書上迴向十方一切眾生的迴向偈並非不好，但欲先消除自己的業障，懺悔宿業，還是應先迴向給與自己關係密切的累生累世的冤親債主。

⑶心生恭敬：做任何事態度是最重要的，這個態度會決定你誦經有沒有意義。

⑷不起妄念：幾乎誦經都會起妄念，但你不用害怕妄念起，繼續誦你的

經，甚至你還會邊誦時，邊想到誦完要做什麼事情！我們的心實在太不可思議，所以不起妄念是我們想要的結果，但是我們現在還會起妄念是很自然的現象，不要讓它困擾你。因為這是正常的過程！

⑸心開悟解：專注誦經，學習有定力；經誦久了，其義自現，自然就有慧。

第十二章

愛的故事—讓愛延續，生生不息

八十七歲阿嬤的人生最後一哩路——照顧達人東東

山上的阿嬤（蔡老師的母親）在二〇一六年三月十七日星期四晚上往生了，享壽八十七歲，大家輪流助念二十四小時，幫她擦澡、化妝。大體入殮時身體還很柔軟，她的胸部、肚臍溫溫的，蔡老師跟我誦了五部地藏經，阿彌陀佛來接引她，很安詳自在的離開，往生佛國了。

得知阿嬤罹患肝癌是在二〇一五年六月，一次例行性超音波掃描時發現肝臟有多顆腫瘤，阿嬤沒有任何不舒服，所以還是維持日常活動。因為阿嬤是一個去醫院就會緊張到連小便都無法解的個性，所以沒讓阿嬤知道身上有壞細胞在作祟。阿嬤雖然消瘦許多，但是外表看起來不但不像是癌症病人，就連一般病人的模樣也一點都不像。而最後布置家中靈堂的遺照，就是二〇一五年居家期間幫她拍照的。二〇一六年大年初一到初四阿嬤很開心的領紅包跟子孫一起過年，初五一早起床腹部突然腫起來，我們想應該是腹水吧，她一生不菸不酒又早睡的阿嬤居然得到肝癌。阿嬤常年為了最小兒子恨鐵不成鋼，日日掛心，終於讓癌細胞有機可趁，緊急到國泰醫院抽了腹水做檢查，家人也共同決定不讓阿嬤受醫療的痛苦，回家開始陪伴她看電視聞佛法，播放佛音。阿嬤的女兒於民國九十七年往生時，我送了一串一〇八顆佛珠給阿嬤，阿嬤不識字日日數著佛珠，念著阿彌陀佛是每天必做的功課，也陪伴著她度過白髮人送黑髮人的糾心歲月，或許這是一個很好的佛緣緣地。

蔡老師孝順的心是令人讚嘆的。阿嬤往生後，他也幾番不捨感慨地說：「為何母親沒能坐輪椅再撐久一點？」我跟他說：「這是阿嬤的福報啊，阿嬤慈悲，要很感謝佛菩薩的加持，她一向生活自理，非不得已才會假手越傭幫忙。她才不愛一直坐在輪椅上呢！」在最後這一個多月來，阿嬤沒有進過醫院，身體的狀況時好時壞，全身水腫，肚子鼓起來，臉和手腳都腫得像饅頭，靠著植物萃取菁華大量使用，的確在短時間內改善水腫症狀，臉不腫了，手腳也消腫了，腹水也消失了些，也因為劇烈腹痛使用酵素排出大量糞便後，腹痛也消失了。阿嬤八十七歲高齡在初五發病前都還是可以自己吃飯洗澡等生活都能自理，疾病在老人家身上肆無忌憚破壞著，意識開始混亂，阿嬤還是時時念佛，甚至在三月十七日晚上臨終前在子女、兒孫的陪伴、誦經念佛中，阿嬤努力自己呼吸，嚥下最後一口氣，還是念著「阿彌陀佛」安然離開人世，安祥自在地捨報往生！

當疾病已經到了無法治癒的地步，對病人而言，死亡還不是最痛苦難過的事；死不了，而苟延殘喘才是最可怕的處境。當死亡已經是不可避免預警時，肉體的病痛其實還不是最沉重的負擔，心理上的徬徨、精神上的焦慮、內心深處不知生命何去何從的迷惘，才是心靈上最為無助的恐懼。病人家屬為末期病人在意念及心靈層次上，應該為他做親切的引導，鼓勵他發願往生引導他脫離病體的桎梏，迎向未來的心靈導航。

末期與臨終的「親情陪伴」、「好助緣」是最後關鍵。這一個月當中蔡老師每天一部誦地藏經。基金會一忙完，天天趕上山幫阿嬤按摩，我想這是我能幫他減輕疼痛的方式。只要能按摩二到三小時，她都會覺得舒服很多。因為腹水及躺久的疼痛也能暫時緩解，晚上也會好睡些。當她比較不疼時，我也在阿嬤耳朵旁提醒及強調要一心念佛，不要害怕，別想東想西了。她對小兒子的掛礙，也隨著她全心念佛，而選擇放下，在阿彌陀佛加持下，穩定身心。阿嬤的人生最後一哩路，我很珍惜能陪伴她老人家，一直記得她昏迷前一晚，完全沒有病痛，慈祥的笑容，似乎告訴我們，她準備好了，我也相信現在的她在佛國淨土過得很好。

蔡老師與母親

生命中不能承受之重——張丞鈞抗癌小鬥士基金

每一個笑容背後都是生命堅忍永不放棄的篇章。

張東秀執行長承受喪子之痛捐出愛子保險理賠金，成立張丞鈞抗癌小鬥士基金幫助弱勢家庭罹癌學童，為更多正與生命搏鬥的孩子們加油打氣。

二〇一八年五月弟弟離開我們了……。二十二歲，正是夢想起飛的年齡，年輕的生命，但卻短得令人心疼！短得令人不捨！

二〇一六年七月弟弟因為下腹疼痛從加拿大返台，一下飛機直奔醫院，檢查出的結果是直腸癌末期已經轉移至肝臟，看著弟弟蒼白瘦弱的經歷宣判過程，我的心也在淌血。這個孩子我看著他長大，看著他帶著滿滿的勇氣出國念書揮灑青春，就像我自己的孩子般疼愛，沒想到病魔來襲，回想十二年前自己被宣判癌末的過程，雖然煎熬，但是憑藉堅毅讓我勇敢去面對，而現在我必須要用更多的努力去協助還沒有人生閱歷的孩子去面對病魔，畢竟才二十歲的孩子要如何接受這樣的狀況？

我常說：「面對失敗的時候，不二法門就是正面思考！不怨天尤人，不抱怨連連。如果真心接受現況，就會改變所有食衣住行育樂的習性，一改變就不一樣，慢慢拿回康復的機會。」

而奇美醫學中心邱仲慶院長強調「全人醫療」，也就是身心靈皆得醫治的醫療，強調意志、情緒可以影響人的身體健康，擁有喜樂的心，乃是良藥。

丞鈞走過二年癌末煎熬，看到孩子用堅韌的生命力面對漫長的治療期間，全家人都必須忍受治療過程中帶來種種的痛苦及壓力，也更能深深體會到癌童家長必須奔波於醫院、家中和工作之間，生活的開銷、醫療的支出等，對於家庭經濟來說更是一筆沉重的重擔。

弟弟離世後，東東執行長很痛苦，不知如何往前走。她捐出一百萬理賠金，想幫助得癌症的孩童；同一個當下，我鼓勵東東，在基金會底下成立抗癌小鬥士基金，一起來幫助罹癌的弱勢孩子，關愛更多像丞鈞一樣的癌症病童，化小愛為大愛，並於二〇一八年九月在財團法人礦工兒子教育基金會成立了「張丞鈞抗癌小鬥士基金」。鼓勵癌症病童勇敢抗癌與熱愛生命之精神，同時也為癌症病童家庭沉重的醫療開銷盡一份心力。

拜訪低收入的家庭，送上抗癌小鬥士獎學金

七歲的小女孩蓓蓓已經被醫師判死刑，醫師說能多陪她就多陪她吧！她不會好了，如果痛就打嗎啡，這位單親母親年約四十歲，外表樂觀堅強，她是印尼人，嫁來台灣十五年了，前十年照顧中風的公公，之後孩子便開始生病了，她回憶當初聽到孩子得了神經母細胞瘤，無藥可醫，真想帶著孩子從樓上跳下去一了百了，令人不可思議的是先生竟然無法面對，逃到屏東工作，每月只寄來房租，其他自理，現在她照顧孩子，無法工作，這及時的獎學金，真的幫上一點忙。

另一位單親母親，看到我們去，眼淚沒停過，談起過去婷婷生病（二

歲淋巴癌，現年十二歲，追蹤中）從大陸嫁過來，媽媽好苦，好多擔心，好無奈，孩子的父親聽到孩子生病就離開她們了，還好靠著里長幫忙找到棲身處，還有一位打掃馬路的工作。感謝老天爺還給孩子健康，現在孩子功課優異還當選市模範生，讓媽媽欣慰不已。

小洋有智能障礙一直都是外曾祖母照顧著，因為長達三年的白血病化療，外祖母累壞身體離世，現在是祖母陪著他，醫師說只要走過六年追蹤期沒復發就是痊癒。祖母為了陪伴洋洋讀書把賴以維生的雜貨店關掉，就是希望孩子可以健康成長，在這學期看到孩子有進步，祖母說：非常值得。

小欣七歲白血病治療快兩年了，媽媽為了照顧她，全職在家陪伴，爸爸必須上夜班才能撐起一家四口的開銷，每週三固定的化療，都是讓欣欣最害怕的一天，靠著欣欣最愛的畫畫來撐過不舒服的療程。欣欣說她會像海裡的尼莫小丑魚一樣，一一克服難關，勇敢打敗癌細胞，健康長大。

這些孩子都需要社會伸出援手分擔並陪伴病童及其家屬走過抗癌的艱辛過程。籍由頒發「張丞鈞抗癌小鬥士基金」，盡最大能力給予他們全人醫療協助，並將其抗癌的生命故事傳出去，為更多正在與生命搏鬥的人加油打氣，賦與生命的新使命！

我們真誠地感謝這一路上幫助支持我們的朋友，也期盼能以一己之力號召更多的善心大德共同幫助更多陷入晦暗的家庭走向光明！

蔡老師與東東

人生無常，盡孝報恩在當下

台北的天氣又開始飄雨，覺得臉上濕濕的，是雨水打在臉上了嗎？好像有什麼東西哽在了喉嚨裡……一大早便來到二殯參加阿姨的出殯儀式為她誦經。送走母親，唯一的阿姨也走了……簡單的儀式，只有屈指可數的家人為她送行……我的母親從小被收養才與阿姨結下姐妹情誼，阿姨八十四歲一生未婚，從小離開家中打工賺錢，一直都從事打掃清潔的管家工作，一個業主因為家境困窘想將女兒賣出，阿姨不忍心，寧願多接一份工作，多一份辛苦，都要將孩子帶在身邊。有了一個養女又為了照顧早逝的舅舅遺留下來的一對子女努力工作養家，沉重的家庭負擔讓她的身形始終瘦弱憔悴，阿姨善良的個性總是為了別人，貼心的關心我的母親，盡心盡力的照顧小孩。在她身邊的男人來來去去，都沒遇上真心相待相守的對象，反而讓她染上菸酒不離的生活，罹患阻塞性肺疾患靠氧氣過日子，老是因為呼吸喘，進進出出醫院，一住就是十天二十天，孑然一身，直到離開人世。

記憶中在念商專五年時間裡，阿姨怕我營養不夠常常叫我去吃飯打牙祭，這份恩情時時感念在心中，去年母親往生後我便將阿姨接到山上家裡，讓她離開北投租賃的狹小房子，安排管家照顧起居。在山上的時間東東執行長帶著阿姨接觸佛法，唸經禮佛，讓人驚訝的是阿姨居然可以不需要氧氣罩下床散步走動，在山上七個月的日子應該是她最快樂的時光。一輩子都在照顧別人的生活，在這段時間裡阿姨充分享受被照顧的心情，從她紅潤的臉上及充滿笑容的表情就能看出她的滿足。

百善孝為先！盡孝報恩就該在當下。因為「孝順不能等」；分秒之間，無常可能隨時到，老人家說不見了就不見了。我的母親離世至今，我還經常念誦佛號，祈願將所有功德迴向給老母親，祈願她往生淨土。

現在一些年輕人，雖然也知道報恩，但總覺得父母還在，自己還年輕，來日方長，有的是時間和機會；但是他忘了時間的殘酷，忘了人生的短暫，忘了世上有永遠無法報答的恩情，忘了生命本身有不堪一擊的脆弱。有一些事情，當我們年輕的時候，無法理解太多；當我們懂得的時候，就不再年輕了！世上有些東西可以彌補，有些東西永遠無法補償。當父母不在了，即使我們再想報恩，也已經晚了。

我們生活在現今科技發達，物質豐裕的社會中，人們往往唯利是圖，計較的多，付出的少；人們往往是忘恩負義的多，感恩、知恩、報恩的少；人們曾否思考過：國家對你的培養，你會感恩嗎？社會對你的關懷，你會感恩嗎？老師對您的教育，你會感恩嗎？父母對你的養育，你會感恩嗎？為什麼要感恩？我們如何才能學會感恩？

感恩應從小事做起，從自我做起。我們要努力將感恩的理念轉化為生活。在感恩中求進取，在感恩中求知足，在感恩中求心安。感恩不必做出驚天動地的業績，把平凡的工作做好就是最好的感恩；只要想感恩，時時都有感恩的機會，處處都是感恩的場所，舉手投足，都是感恩的實踐。將感恩落實於行動，我們的生活必然更加幸福順遂。

第十三章

體認此生可貴——諸行無常，心法為最

佛法是人生的真理，做一分得一分，做十分得十分。

佛經裡講，世間所有一切都是因緣和合。

從地府回來，我更明白這一生為何而來，而未來將走到哪裡去。平日多結善緣、多行善，遇到困境自然有貴人助。再加上要有堅定的信心，如此一來，貴人到身邊，你才能馬上發現。有著支持自己的宗教信仰是最佳的助力，你會由無助的心轉為平靜，會了解跨過難關其實要靠你自己平靜、安穩的心，必能化險為夷，度過重重難關，就是這一生最大的福報。

大病後我將唯一位於汐止的房子捐給基金會，成立「心法禪修中心」。

我開始安排大眾禪修一日課程，希望大家在煩躁的生活中能有清靜休息的時候，讓繁忙的都市人來坐禪共修、歇息心靈。在禪堂裡打坐，兩腿盤起來，六根都是清淨的，就得到清淨的功德。二〇一八年開始拍了許多短影片分享在 Youtube 礦電視上，其中「如何禪坐」觀看次數突

YouTube
礦電視 SOL TV

facebook
財團法人礦工兒子
教育基金會

破六十萬，可見靜坐靜心是現代人很需要的。

今年我們持續在fb粉絲團做直播，每週一~四晚上八點「C姊與抗癌達人蔡老師」節目中，分享蔡老師罹癌療癒經歷及張東秀C姊陪伴蔡老師及愛子抗癌的過程，也提供大家在治療期間如何補充營養，如何運動與促進循環等相關訊息，歡迎轉分享及線上提問！

在每年寒暑假辦理育幼院童禪修體驗營，教導孩子們四心教育，這些來自破碎家庭的孩子們因為過往的環境養成，脾氣不易控制，大部分的孩子都需要藥物控制過動性格，與同學相處困難，透過課程安排及學習，提供靜心的靜坐方式，也帶著孩子淨山，學習付出，讓孩子們擁有難忘的活動體驗。鼓勵企業主管及員工來參加身心靈提升課程，以積極互助的心態，重新定義工作價值，更能持續創造公司競爭力。

回首這大半生，我的心曾經被財富、事業、名利盤據，身體也被心靈強烈的驅策糟蹋了。得了重症後，「在生死臨界點的時候」才明白了「放下一切」的實踐，對每一個生命是多麼重要。這也是在自己所接觸過的許多從癌症中走過來的朋友發出的最多的感觸。

在去年（二〇二〇）年初，整理這本新書的當下，突來的疼痛席捲全身，腰痛到無法站立，幾乎無法走動，戴上護腰坐輪椅，沒辦法挺直身子，朋友們都擔心是不是「多發性骨髓瘤復發」？仔細想想十二年前離開榮總後就再也沒有踏進榮總半步，並不是拒絕西醫治療及追蹤，而是對於癌症我已經放下恐懼，更不會刻意關心祂還在不在！這次身體的異常狀況也傷透醫師的腦筋，每家醫院骨科說法不同，甚至有一家醫院說我骨頭「崩解」情況嚴重，的確「疼痛」這件事是最難忍受的，二十四小時痛不停，無法睡覺，坐著痛、躺著痛、吃不下、睡不著，我坐著輪椅找到十二年前我的主治醫師邱宗傑。邱醫師很驚訝還能見到我說：真是奇蹟！透過邱醫師細心安排抽血及各項檢查，報告出來後，邱醫師搖搖頭

說：真的是奇蹟，所有報告都找不到癌細胞的存在。

我回想在突發疼痛的前幾天，剛好去探視一位善心的證券公司董事長，他正被癌症所侵蝕，體況非常差，讓人心疼，情急之下我持護身符為這位董事長加持。

這個護身符是四十九年前參加瑞士發明展時因機緣跟華陀結識（我這樣稱呼他），他一生分享祖傳祕方幫助人，他傳授給我失傳的觀音箴言，我忘了曾被華陀告誡絕對不能持符救人，否則會揹上對方的業障。

我第一次使用是四十八年前。從台灣要到舊金山開會，在飛機上經過大約一個多小時突然引擎失靈，整架飛機倒栽往海裡面衝，機上二、三百人哭聲震天，架上行李紛紛掉落，許多乘客被打的頭破血流。我每次在飛機上都是雙盤入定，瞬間我持護身符，結果沒多久飛機沒有繼續往下掉了，機長終於順利發動引擎，並將飛機開到舊金山機場，一下飛機後一群人圍過來，說：「先生，你貴姓？」「我姓蔡。」「你剛剛沒有綁安全帶，也沒有被行李打到，也沒掉下來。」我說：「剛剛發生什麼事情，我不知道！」我想，要不是護身咒的加持，大概所有的人連同飛機都要掉到海裡面了。

第二次是我二十八年前開車載我太太小孩，到花蓮去玩，就在返回台北的途中，經過蘇花公路遇到一輛開在雙線道想要超車的砂石車，本來我在自己的車道上開得好好的，忽然間，眼前不遠處出現一輛砂石車，司機因為旁邊是懸崖一直超不過前面的車，急得猛按喇叭警示。但是那條山路是一百八十度大轉彎的雙線道，一邊是峭壁，一邊是懸崖，底下是基隆海。根本沒有地方讓我迴避；就在那千鈞一髮的一個要命瞬間，我決定放掉方向盤，不加油門也不踩剎車，雙手合十，唸起阿彌陀佛，讓砂石車推著我的小客車，滑行了三十多公尺才停住。非常奇蹟的是受到砂石車迎面而來的劇烈衝擊，我們一家人居然毫髮無傷，只有車頭半截損毀，十分幸運。砂石車司機嚇到皮皮挫，還拍照留念，史上怎麼有這種離奇車禍？

第三次是我在榮總化療三十一次後進行幹細胞移植，療程中必須打一個很重的化療，一打下去，當下讓我瞬間昏迷二十幾天，每天吐血二百CC。整整二十七天沒有吃過一粒米喝過一滴水。到除夕下午，護士宣布我斷氣了，斷氣之前我持咒護身符，之後見到閻羅王，閻羅王說我大限未到，再補上一句，老天爺利用天災地變跟癌症在淘汰人口，四十七分鐘以後，我竟然活過來，我在無菌室床鋪上坐起來盤著腿，護士進來看到我，嚇得尖叫「鬼呀！」衝出去無菌室。

最近這一次，為了去救一個人，為了幫助這位董事長，我到他家裡持護身符。他本來是肺腺癌末期轉骨頭，不能走，不能動，結果他居然站起來走路？而我回到家裡一踏進家門，當場倒下去。從此以後，出門坐輪椅，這位董事長精神奕奕地去上班，我開始過著與疼痛為伍的日子，每天忍著痛去做復健，復健科醫師看我無法入睡，開了一顆睡前的藥想幫助我好好休息，沒想到吃了那顆藥，晚上還是沒睡好，更慘的是，我居然沒辦法解小便了。

熬到天亮十幾個小時一滴尿也解不出來，膀胱又脹又痛，緊急到台大醫院急診室，做了我這輩子第一次的導尿，再加上我的前列腺原本就腫脹，增加了導尿的難度，試了三次換了兩位醫師，才順利裝上導尿管，醫師擔心藥物還會影響解尿，必須帶著導尿管回家等一週。更慘的是隔天還因為尿管滲漏又到急診室更新一條更粗的導尿管，讓我的尿道組織受傷血流如注，睪丸腫了三倍大，痛不欲生，呼吸都痛，讓人受罪的麻煩事一樁接著一樁。我才知道，我錯了，自己不自量力，忘了華陀的警告，絕對不能持符救人。這次才真正體會到什麼叫業障，這位董事長從此以後像正常人一樣每天去證券公司上班，我到現在仍腰痠麻痛，左大腿及膝蓋痠麻痛，兩隻腿痠麻痛。

坐著輪椅這段期間我暫停與癌症患者及家屬面對面分享的工作，自二〇一二年以來我總是秉持著「幫助一個癌症病人，幫助一個家庭」的願力，贈送書籍，透過面對面分享歷程來鼓勵癌症朋友們，八年來許多朋友都能受惠帶著收穫回家，「改變自己的心態」萬法為心造與大家共勉。營養輔助品可以在身體修復的階段中提供不同的協助，真切地與大家分享我的所有經驗，如果您能聽得進一言一語又何嘗不是收穫呢？

奉勸生病的朋友們不要自己懊惱、懺悔，不是生了重病就非走不可，努力去反省自己活下去有沒有意義，活下去的目的是什麼？讓自己可以為自己作主。

坐了四個月的輪椅，拄了兩個月的枴杖，我沒有被醫師說「骨頭崩解」嚇到放棄，也沒有因為各家骨科醫師判讀不同，診斷不同，而生氣怨恨，我告訴自己要把輪椅丟了，我辦到了，我要把枴杖丟掉，我也辦到了，現在終於可以昂首闊步。人生步入七十歲，到了從心之年，從心所欲隨遇而安，捨得放下，我相信善待自己才能善待別人。生命是自己的，沒人能代替我們生病。

我們的身體擁有非常強大的自我修復能力、本自具足，每個人都擁有強大的潛能，都是一個蘊藏寶藏的寶庫。而打開這把寶庫的鑰匙，就是人對自己發自內心的相信。

心念有多大，你的宇宙就有多大，當你認為自己不行時，你真的就不行了，當你覺得自己病倒了時，就真的起不來了，當你認同醫院的判決只能活三個月時，三個月就是你的死期……

很多人生病後，不是死於疾病本身的痛苦，而是死於對疾病的恐慌、擔憂和畏懼。

事實上，當你有堅強的信念不被負面情緒牽動，堅定地保持意念不倒時，一切都能夠無可限量！阿彌陀佛！

最重要的是，要讓自己在一息尚存之餘，逐漸恢復生的力量，逐漸找回健康的能量。有收過我簽名書的讀者就會明白，打開扉頁，都會看到大大的「心法」二字，或許有人看了覺得很有意義。這兩個字很簡單，就是「萬法唯心造」，世間所有一切，都出自你內心所想。

把心找到，在自己的心上用功，把握任何一個念頭都能自己作主，過一個自在的人生。

每本書蔡老師都在書頁上親自簽名「心法」二個字

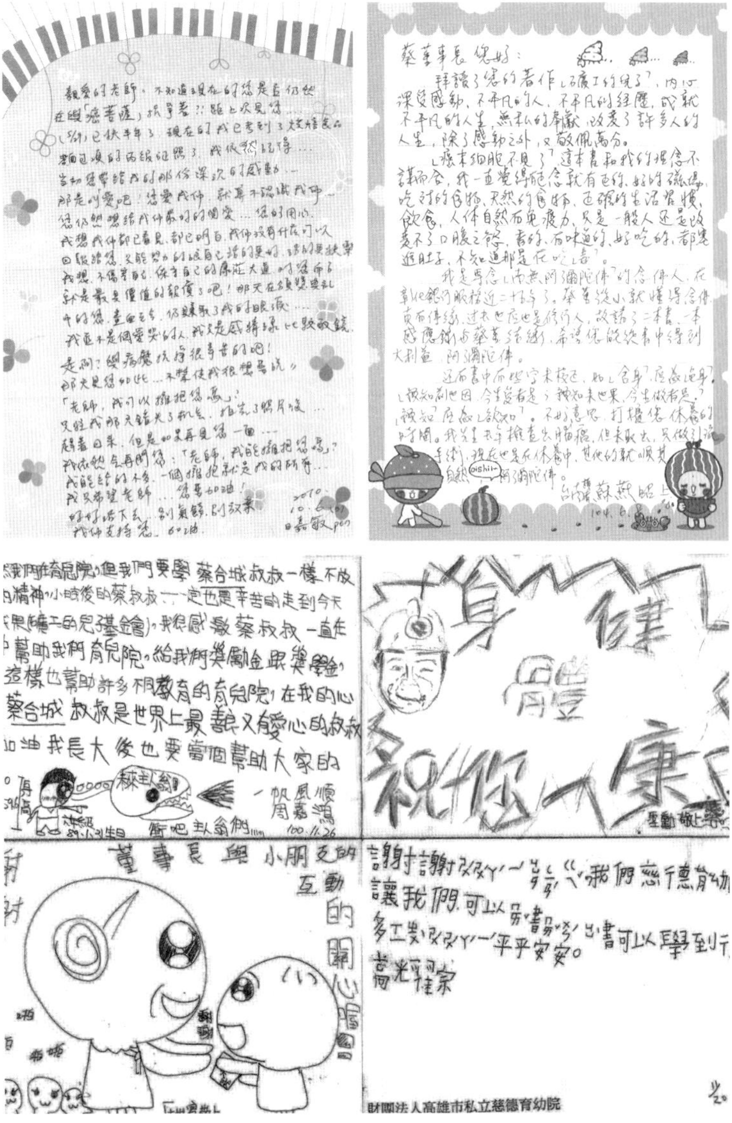

各育幼院童感謝信函

PEOPLE 469

瀟灑走一回，自在人生：傳奇蔡合城

作　者—蔡合城、張東秀
主　編—謝翠鈺
封面設計—陳文德
美術編輯—趙小芳
董 事 長—趙政岷
出 版 者—時報文化出版企業股份有限公司
108019台北市和平西路三段二四〇號七樓
發行專線—（〇二）二三〇六六八四二
讀者服務專線—〇八〇〇二三一七〇五
（〇二）二三〇四七一〇三
讀者服務傳真—（〇二）二三〇四六八五八
郵撥—一九三四四七二四時報文化出版公司
信箱—一〇八九九　臺北華江橋郵局第九九信箱
時報悅讀網—http://www.readingtimes.com.tw
法律顧問—理律法律事務所　陳長文律師、李念祖律師
印　刷—勁達印刷有限公司
初版一刷—二〇二一年四月二十三日
定　價—新台幣三八〇元
（缺頁或破損的書，請寄回更換）

時報文化出版公司成立於一九七五年，並於一九九九年股票上櫃公開發行，於二〇〇八年脫離中時集團非屬旺中，以「尊重智慧與創意的文化事業」為信念。

瀟灑走一回，自在人生：傳奇蔡合城 / 蔡合城、張東秀著 . -- 初版 . -- 臺北市 : 時報文化 , 2021.04
面； 公分 . -- (People ; 469)

ISBN 978-957-13-8880-9(平裝)

1. 蔡合城　2. 自傳　3. 臺灣

783.3886　　110005254

ISBN 978-957-13-8880-9
Printed in Taiwan